# 语言的
# 技巧与魅力

马志强 著

浙江工商大学出版社 | 杭州
ZHEJIANG GONGSHANG UNIVERSITY PRESS

图书在版编目（CIP）数据

语言的技巧与魅力 / 马志强著 . — 杭州 : 浙江工商大学出版社，2024.10
ISBN 978-7-5178-5622-1

Ⅰ . ①语… Ⅱ . ①马… Ⅲ . ①语言艺术—通俗读物
Ⅳ . ① H019-49

中国国家版本馆 CIP 数据核字（2023）第 146345 号

**语言的技巧与魅力**
YUYAN DE JIQIAO YU MEILI
马志强 著

责任编辑 王 英
责任校对 张莉娅
封面设计 望宸文化
责任印制 祝希茜
出版发行 浙江工商大学出版社
（杭州市教工路 198 号 邮政编码 310012）
（E-mail：zjgsupress@163.com）
（网址：http://www.zjgsupress.com）
电话：0571-88904980，88831806（传真）
排 版 杭州浙信文化传播有限公司
印 刷 广东虎彩云印刷有限公司绍兴分公司
开 本 710 mm × 1000 mm 1/16
印 张 14.25
字 数 204 千
版 印 次 2024 年 10 月第 1 版 2024 年 10 月第 1 次印刷
书 号 ISBN 978-7-5178-5622-1
定 价 60.00 元

# 序

语言，是一个比较宽泛的词，它包括历史的语言，也包括现实的语言；既表现为对语言的研究，也表现为对语言的使用。研究和讲授语言结构的学者，被称为语言学家；而擅长运用和使用语言的人，则被称为语言家，也被称为语言大师。所以赵元任、王力等先生被尊称为语言学大家，而侯宝林、李准则被称为语言大家。我最初在大学讲授的是语言学理论，仰慕那些语言学大家；“改行”讲授写作和说话艺术后，研究的是语言的运用和使用技巧，又开始仰慕那些语言大师。之后，“改行”研究和讲授起了传播学和公共关系学。“改行”之后，前期对语言结构和使用技巧的研究对我的帮助依然颇大。基于前期的语言研究和语言运用，我在所谓“著书立说”时，还算是比较顺手的，只要能想到，就一定能写出，即心到手到。

在研究和讲授语言时，我经常会有一些心得，会有一些闪光的灵感和瞬间的体会，会刹那间对一些理论观点有种豁然开朗的感悟。我把这些体会和感悟用通俗的语言记录下来，就成了本书的上半部分——语言使用的技巧。这部分是我研究语言的心得，也是对语言理论的通俗化解释。在这部分，我试图用通俗的语言解释一些语言现象，分析一些语言使用的技巧。

我性喜游山玩水，游览了祖国的大好河山，多有感慨，常浮想联翩。于是捉笔弄文，日积月累，成文章多篇。我从这些文章中挑选出一些，作为本书的下半部分。我试图用语言抒发自己的情感，展现语言的魅力。

我生长在中原，喝黄河水长大，但自小就喜欢江南。每每阅读描写江南的文章，总会被江南的景色吸引。遂下决心，此生要做一次江南人。成年以后，我将妻携子，移居江南，快慰平生。

我教书近 40 年，一半在中原，一半在江南。我的后半生将在江南度过，江南将是我终老的地方。江南是我的梦，我用我的半生去品味江南的山山水水——徜徉西湖苏堤，漫步紫金山麓，踱步乌镇小桥，举目东方明珠，登临天目高峰，荡舟太湖深处，徜徉鉴湖湖畔，攀登雁荡秀峰。多年来，我踏遍了江南的山山水水。我走遍江南，用心品味江南。现在，我把对江南的理解变成课题，变成研究文章和著作，我也希冀自己能有一本描写江南的小书，把自己对江南的感觉用语言表达出来，也想试试自己驾驭语言的能力。

我以为，和其他地方相比，江南美在山水。江南的山清秀，江南的水性灵，江南的山水造就了江南人，所以江南人聪明、秀丽。正因为有了江南人，所以江南俊美、江南富裕、江南柔媚、江南和谐。江南的山水和江南的人互为因果。江南的美怎么说都不夸张，江南的韵味怎么都描摹不尽。

我这个客居江南的外乡人试图用自己的笔去描摹江南，赞美心中的江南，这就是本书的下半部分。

于青岛

2024 年 7 月

# 目 录

## 上 篇 语言使用的技巧

## 下 篇 语言的魅力

上 篇

# 语言使用的技巧

# 口语交际和书面语交际的渊源

人之所以为人，权威人士列出了三大基本要素：有语言，有思维，能制造工具和使用工具。人，只有能沟通，才可能生存下去。人，只有通过说话，才可以较好地协调彼此之间的行动，沟通彼此之间的思想，从而团结起来，与自然做斗争。人类社会已有数百万年的历史，人类的语言也有数百万年的历史。可以说，自人类诞生之时，口语交际就开始了。口语是伴随着人类的产生而产生的，是人类实现交际的最早形式。

除了人，其他动物也有“语言”，它们靠简单的叫声彼此交流。不同的叫声代表不同的意义。但动物的那些语言过分简单，对于复杂一点的概念，就无法表达了。动物“语言”之所以称为“叫”，人类的之所以称为“语言”，是因为人类的语言可以概括非常抽象的概念，可以表达非常复杂的思想，而动物的“语言”却不能。所以，语言是人类特有的，是人称之为人的第一要素。

在人类出现的数百万年中，绝大多数的时间里没有书面语，人们靠口语交际繁衍生息。书面语交际是在人类创制了文字以后才产生的，是口语交际的补充和延伸。口语有两个无法克服的难题：一是无法传得远，听力的最远距离也就百十米；二是无法保存下来，转瞬即逝。正因为这两个难题，口口相传保存下来的信息少得可怜。为了克服这两个难题，满足人们“传之较远”“留之长久”的需求，人类进行了无数次的摸索，曾试图使用“结绳”“讯木”“烽火”“图画”等方式替代口语来传情达意。但由于“结绳”“讯木”“烽火”表达的意义和范围过于狭窄，人们很快就抛弃了这些方式。“图画”所表达的意义相对比较宽泛，这一方式也比较简单，所以，“图画”被人类用作表情达意的工具保留了下来。经过几千年的演变，经过几十代甚至上百代人的努力，“图画”最终演变成今天的文字。文字可以把人们想说的话记下来，传递给更多的人，留给后人阅读。文字让人类多了一种以写和读的方式进行交流的工具——书面语。

人类最早的文字，一般认为只有五六千年的历史。文字的产生，是人类发展史上的巨大变革，它满足了人类对信息“传之较远”“留之长久”的需求。人们从此可以了解到先辈的信息，可以从先辈的信息中得到启发，可以在先辈的基础上进行再发明和再创造，可以在先辈的思想中继续发展和深入。文字只有五六千年的历史，但人类在这五六千年里的发展比百万年里的发展都要快。我们可以从祖先的文字里知道他们在做什么、他们在想什么以及他们对未来的追求，我们在祖先的思想基础上不断前行，才有了今天的文明社会。

早期的文字有古埃及文字、古楔形文字、古印度文字、玛雅文字等等，这些文字都没有保存下来，它们或毁于部族的侵袭，或泯灭于民族的消失，或被其他民族文化同化，唯有中国的象形文字流传下来。1899 年，在河南安阳小屯殷墟发现的甲骨文是我国现存最早的、成系统的文字，距今已有 3000 多年的历史。我国前后共出土甲骨 15 万余片，其中单字约 4500 个，被学者识读的不到一半。文字的产生，是人类进入文明社会的标志。没有文字，人类只能在最原始、愚昧的状态下生存，人类也只能不断重复先辈们的创造。

# 不同的两路子——口语和书面语的异同

正是人类发明创造了口语和书面语这两种交际方式，人类才走到了今天。口语交际和书面语交际是人类最重要的交际方式。人们可以进行语言内部构造的静态研究，找出语言的内部成分，分析其结构层次，这是传统语言学研究。人们也可以研究人类运用语言能力的方法，总结人类运用语言的技巧，以帮助人们学习和使用语言，即对语言做实用的动态研究，这是交际语言学研究。“交际语言学是研究人类运用语言进行交际的一门科学，它以人类交际中的语言现象为自己的对象。”①

书面语以文字记载为外部特征，以印刷纸张为表现形式；口语交际，以听、说为外部特征，以有声的语言为表现形式。作为交际语言的重要分支，口语交际的作用是显而易见的。人们每天都要做许许多多的事情，都要说许许多多的话，都要听许许多多的话。人们除了睡觉，几乎每时每刻都在进行交际。可以说，没有语言，就没有交际。而口语交际比书面语交

① 夏中华:《交际语言学》，辽宁教育出版社 1990 年版，第 1 页。部分文字有改动。

际更频繁、更广泛、更直接。

口语与书面语的区别是非常明显的，主要表现在以下几点：

## 两者之间的传递程序不同

口语与书面语的传递程序不同，这是说，口语和书面语走的是不一样的路子，用的是不一样的感官。口语是交际双方面对面进行的，一方说，另一方听，走的听觉的路子。听、说是在同一个时间段、同一个状态下进行的，在同一个过程中。交际对象就在眼前，信息的传递和反馈非常迅速，交互转出、交互接收，信息以较快的速度在交际双方之间往返。书面语交际则与写和看联系在一起。书写者把自己的想法一股脑地用文字记下来，无须注意对方的表情，走的是视觉的路子，其表达一开始就具有“独语”的性质。书面语交际不是面对面进行的，所以人们的感情及态度无法被直接感受或了解，没有口语交际的氛围自然，其信息的传递速度也较慢。

## 口语与书面语的信息载体不同

口语与书面语的信息载体不同。口语的信息载体是声音，说话者通过发出有意义的声音表达自己的思想，听话者通过辨别声音而理解对方的意义。由于口语交际中的听、说几乎是同时进行的，双方都没有时间去组织、整理自己的词句，故而口语交际的句式较短，词语比较通俗、不加修饰，有时表达得不够准确，往往需要补充和解释。这时人们接受信息的感官是听觉，传达信息的活动是说话。在口语交际中，人们往往先把最关键的内容说出来，然后再补充，以至于语序有些颠倒。例如：

你这会儿就来。快！

你来了，先。

你饭吃了吗？刚刚。

书面语的信息载体是文字，书写者用文字表达自己的思想，阅读者通过辨认文字去了解对方的思想及感情。书面语交际不是同时进行的，书写者有充分的时间去整理自己的词句，所以书面语表情达意相对准确，更符合语法规范，用词比较典雅。阅读者也有充分的时间去理解揣摩文字意义，甚至可以反复阅读。

### 口语与书面语的辅助手段不同

口语与书面语的辅助手段不同。口语是交际双方面对面进行的，所以交际时可以借助面部表情、手势、身姿等辅助手段，交际时的环境、气氛以及对方的神态、口气都会影响交际效果。在不同的交际场合，人们的心情不一样，就会有不同的交际效果。书面语是用文字来传达信息的，它不受周围环境、气氛的影响，书写者也无法感受对方的神态及口气，在表达自己的感情时只能借助文字的各种书写形式，使用标点符号、字形、字体、颜色、线条、图表、标注等辅助手段，相关的表达只能在字里行间进行。

### 口语与书面语的适用范围不同

口语交际是通过声音进行的，而人的声音明显要受到时间和距离的限制，不在同一场合，或交际者之间的距离过远，交际就无法正常进行。故口语交际适用于面对面交际。书面语交际是通过文字媒介进行的，当人们想和异时异地的人们进行思想交流时，往往采用书面语的形式。书面语交际克服了口语交际的不足，是对口语交际的补充。随着科技的进步，通信技术日益提升，人们的交际手段也越来越多，固定电话、移动电话、视频等新的交际方式频频出现，这使得人们的交际越来越便捷。但就其基本形式来说，口语与书面语的基本特征并没有改变。

# 口语交际的两兄弟——谈话语体和演讲语体

口语交际有两个分支，或者说两大使用方式：一是谈话语体，即平时人们的对话；二是演讲语体，即在公开场合面对多人的讲话。

## 谈话语体

谈话语体是人们在日常的交谈活动中形成的。谈话借助声音、语调表达意思，可以两人参加，也可以多人参加，类型多样。谈话可分为随意谈话和专题谈话。随意谈话广泛地运用于日常生活，它是语言交际中最基本、最普遍的形式，是人们在日常生活和工作中传递信息、交流思想、表达情感的最主要的手段和途径。专题谈话主要用于比较专业、比较正式的场合，如正式的工作交流、学术讨论、新闻访谈等。谈话语体中最典型的是随意谈话，它充分地体现了谈话语体的特征。

谈话语体对语境的依赖性极强，在语言形式上有各种省略情况。因为有特定的语境，所以这些省略并不影响意义的准确表达，完全能被对方理解和接受。另外，谈话语体还有以下特点:（1）句式简短，如“你好!”“谢谢!”;(2)话题往往不集中，内容缺乏必然的联系，语句间的跳跃性比较大;(3)存在非规范化的语言成分，如“请坐!你”“别介，咱们先吃”;(4)在语音上常常会夹杂一些冗余部分，有时还有个别成分的脱落，较多的同化、异化现象，以及音变等。例如:

甲：吃了吗?

乙：吃了，老一套，根本不想去。

甲：下次我们找个好一点的。

乙：先说好，你请客。

甲：看你那笨样，我就我。说，想吃什么?

乙：老三样是一定的，还要有红烧狮子头、瓦罐。

甲：就这么多呀?我以为你狮子大张口呢?

乙：知道你钱不多，给你省点。

甲：今晚看张学友，就去?

乙：好。

以上一段是两个好友在日常生活中的谈话。这段谈话大量地使用了省略、脱落等语言表达方法，但由于当事人都处于具体的语境中，表达的意思都很清楚，所以并没有因为省略而出现意义不详等问题。整段谈话句式简短、意义明了，显示了谈话语体的特点。

### 演讲语体

演讲语体是演讲者在特定的情境下，面对广大听众，以口语为主要形式，就某一问题发表见解、阐述事理、抒发情感，将言语、情感和姿态诸方面结合起来的口语方式。与谈话语体不同，演讲是一个人讲话，对语言环境的依赖不像谈话语体那么强;演讲一般有一个主旨，不像谈话那么分散。在语言运用方面，演讲语体与谈话语体也存在明显的区别。日常口语是语言的自然形态，简单通俗。演讲语体则是规范化的口语，是对口语的艺术化运用，比一般的随意交谈更讲究言辞的严密性、规范性、文雅性和语音的协调性。为了达到感染听众的效果，演讲语体常运用排比句式，使语气更加连贯、畅通，具有鼓舞人心的力量。例如：

我们的血是热的，我们年轻，我们充满了自信。我们坚信：没有青年的民族是“夕阳”的民族，没有青年活力的时代是沉寂的时代，没有青年参加的变革是无望的变革。也许我们经验不足，城府不深，办事不牢，也许我们骨子里还有那么一点说不清的“傲气”和“狂气”，但是我们胸中怀有最宝贵的社会责任感。我们忧国忧民，敢想敢干，勇于探索，立志成才；我们热情真挚，勤劳智慧，这就是我们当代的青年。①

哪怕是一条小溪，也要向着大海奔涌。哪怕是一滴朝露，也要向着太阳升腾！奔涌吧，升腾吧，短暂的青春，永恒的人生。②

上述两段演讲句式整齐、语意连贯，音韵和谐、充满感情，富有感染力。

在演讲中，演讲者有时要根据需要辅以动作、表情等来抒发感情，从而说服、感染观众。可以说，它是一种融合了多种要素的口语语体。例如：

反动派暗杀李先生的消息传出以后，大家听了都悲愤痛恨。我心里想，这些无耻的东西，不知他们是怎么想法，他们的心理是什么状态，他们的心怎样长的！（锤击桌子）其实很简单，他们这样疯

---

① 张芸:《历史将为我们立传》，选自《演讲与口才》，1987 年第 12 期，第 22 页。部分文字有改动。

② 王健:《像英雄那样走人生之路——大学生演讲选评》，中国青年出版社 1985 年版，第 89 页。部分文字有改动。

狂地来制造恐怖，正是他们自己在慌啊！在害怕啊！[①]

这段演讲句式简短有力，感情强烈，再配合手势、动作、语调等，可以想见当时闻一多先生义愤填膺、慷慨激昂的心情和气势。

还有一种演讲，即即席讲话。一般表现为领导参加会议时即席发言，这既有谈话语体的性质，也有演讲语体的性质。这类讲话由于是即席的，所以最能从中看出演讲者的思维能力及其对语言的驾驭能力。一般来说，领导人讲话不会时时都有稿子。在一些场合，必须即席讲话，这是领导力的表现。

① 闻一多:《最后一次的讲演》，https://baike.so.com/doc/6765749-6980760.html。

# 口语交际与礼仪

礼仪大体分为两类，一类是做出来的，还有一类就是说出来的。在说话时，人们该怎么说话才最合适？该用什么语气说话？该用什么词语？该怎么打招呼？该怎么告别？该怎么使用敬语？说话有什么禁忌？怎么说话才有品位？怎么说话才好听？怎么样说话不礼貌？这都是口语交际要研究的。人人都会发音，人人都会说话，但并不是人人都能把话说得得体、熨帖。在交际时，不能信口开河。有些话在一些场合可以说，换一个场合就不能说。在一些人面前可以说的，换个人可能就不行。如果说了，可能会引起不快。这就是口语交际的特殊之处。口语交际的礼仪就是人们在说话时应该遵守的各种规则。从这一点上说，口语交际中的各种礼节和规范既是口语交际研究的内容，也是礼仪研究的内容。口语交际和礼仪在这方面是重合的。因此，研究口语交际，离不开礼仪知识。

人们说的话有质量和品位高低之分，人们的口语交际也是有不同风格的。悦耳的声音、柔和的音质、清晰的吐字，可以表现出说话人良好的生活品位，可以展现出说话人良好的知识水平和文化水平，也可以反映出说话人良好的精神风貌，给人以美感。说话人如果声音尖细、吐字不清、用词粗俗，那人们对说话者的感觉就没那么美好。

说话的质量和品位主要表现在两个方面：一是外在的声音质量，二是由声音表达出来的附属意义。

声音质量好就是声音好听，这主要表现在人们说话时音质纯正、吐字清晰、语速适当、声调到位、乐音较多，声音符合性别特点，不刺耳，听起来舒服。如男性的声音有浑厚感、带有后劲、不尖细，给人以稳重和成熟的感觉。而女性的声音不能过分尖细，也要给人稳重和大方的感觉。根据人们的听觉习惯，可以把人们的声音分为悦耳型、平庸型和噪声型。根据人们的声音音质，可以分为高亢型、尖细型、低沉型等。符合人们听觉习惯的声音好听，不符合听觉习惯的就不好听。

人们说话要表达出意思。表达意思的方法是多种多样的。同样的意思，可以有不同的表达方法；同样的方法，也可以表达不同的意思。表达方法的多样性反映到声音方面，就是说话者透过声音能传达出很多没有说出来的意思。这些说话者没有说出来但听话者透过声音能体会到的意思，就是声音的附属意义。声音的附属意义大体可分为感情意义和形象意义。所谓感情意义，就是人们通过听对方的声音得出的好恶感觉；所谓形象意义，就是人们通过听对方的声音引起的联想。这种附属意义给人带来的感觉有时是很直接的，尤其是“只闻其声，未见其人”的时候，人们对一个人的判断只能靠声音来进行，这时声音带来的附属意义最明显。我们现在还不能说人们的长相、胖瘦、高矮以及个人的爱好、品位、知识水平、性格、习惯与声音有直接关联，但人们通过声音可以对说话者做出一些关于外表和内在的判断，得出一些结论。人们的声音有许多风格，不同的人对不同风格的声音会产生不同的感觉。有些声音，一个人听起来舒服悦耳，另一个人可能会不舒服。根据人们的说话特点，可以分出不同的风格。

从声音方面谈说话的礼仪和艺术，就是要用好声音的附属意义，让声音的附属意义得到最佳的展示。

# 口语交际的功用

口语交际是一门学科，也是一门艺术。善于交际的人，说话时总能把别人的注意力吸引到自己身上，让听者围绕着自己的思路转，谈感情时能动之以情，讲道理时能晓之以理。说者侃侃而谈，言语动听；听者津津有味，百听不厌，这样才能使双方达到和谐交流的目的。

口语交际的功用主要表现在以下方面。

## 加强人们的实际交际能力

加强人们的实际交际能力，是口语交际的主要目的，也是口语交际研究者和教育者的首要工作。语言是一种工具，人们对这种工具的认知情况、掌握程度，可以展现一个人交际能力的高低。一个政治家、一个地方的领导人必须善于说话，这是工作的需要，也是最起码的要求。

如果说话时结结巴巴、颠三倒四，或扭扭捏捏，或天文地理不通，或过多使用方言，这种交际的效果就一定不好。据说，民国时期的军阀韩复榘有一次去一所大学演讲，他是这样开头的：

> 诸位，各位，在其位：今天是什么天气？今天是讲演的天气。来宾十分茂盛，鄙人十分感冒。今天来的人不少嘞，看样子大抵有五分之八了，来了的人不说了，没来的就举手吧。今天兄弟召集大家，来训一训，说得不对的，大家应该互相原谅。兄弟我是大老粗，你们大家都是从笔杆子里爬出来的，我是从炮筒子里钻出来的……

这样的讲话错误连篇、文理不通、哗众取宠，是不会受欢迎的。

不光是领导人，就连老百姓，在日常的工作和生活中也要会说话。会说话的人，意思表达贴切、话说得得体，听者感到舒服，交际效果就比较好，人与人之间的关系就和谐融洽。如果话说得不得体，让人听得不顺耳，那人们就不喜欢听，甚至会反过来给你几句难听的，这种交际的效果肯定不会好。在日常生活中，我们常常会遇到这种情况，反应迟钝、口齿不清，半天说不出一句话，即使说出也是词不达意，让人感到费劲。这样说话的人，肯定不是一个善于交际的人。为了提高交际能力，我们必须学会说话。

## 协调人与人之间的关系

人，是社会中的一员。人与人在社会交往中往往会形成各种各样的关系，关系的好坏可以从两个方面来看：一是所做的事，二是所说的话。一个善于交际的人，往往是一个会说话的人。会说话的人，能把人与人之间的关系“说”好。而不会说话的人，可能会把本来挺好的人际关系给“说”坏，即使说话人出于好心，也会适得其反。

“见什么人，说什么话。”过去我们总是把这当成贬义，认为这是见风使舵、没有立场的小人言行。其实，“见什么人，说什么话”从某种意义上来说是一个人在日常交际中的正常表现，是人们在交际时所要遵循的一种“规范”。例如，好朋友之间说话就比较随便，称呼也比较随意，说点笑话，甚至称呼一下外号也无伤大雅。但面对上级领导、长辈，说话就要严肃、正规，称呼一般要用正式的称谓，绝对不能胡乱称外号。和小孩子说话，就要用最简单通俗的语言和他们交谈。和异性交往，不要谈论有关性的问题。有些话能给父母说，但不能给兄弟姐妹说；有些话能给同性说，但不能给异性说；有些话可以给家里人说，但不能在公共场合说；有些话能在外面说，但不能给家里人说。这些规范，人人都要遵守。这就是“见什么人，说什么话”的表现，是没有贬义的。

在人际交往中，话说得动听一点，言谈中流露的感情真挚些，人与人之间就容易交往，关系就会融洽。话说得生硬，不顾交际的环境、交际的场合，不顾交际者的境况，大放厥词，人与人之间就很难交往。协调人际关系，还包括对同志、对朋友、对自己人说话要热情大方，对敌人、对恶意攻击者要言语犀利、不留情面。

### 促进工作目标的完成

在工作中，我们每天都要说很多的话，这些话语对我们准确地表达自己的观点、交流彼此的思想起到了很大的作用。在工作场合，我们不但要会说话，而且要善于说话，不能不分场合和时机、不分交际对象随便表达自己的观点。针对不同的交际对象，巧妙地运用一些语言表达方法，这在我们日常工作中必不可少。

在工作中，当自己的观点和上级的观点有冲突时，在向上级表明自己的观点时，要选择适当的场合，选择适当的词语，做到既能展示出自己观点的正确性，又能用委婉的语言指出上级观点欠妥的地方，做到适度而不失礼，不要针锋相对、恶语相向。

### 树立良好的公众形象

公众，是公共关系中的客体。一家企事业单位、一个社会组织要想树立良好的社会形象，就必须注意公众的态度。一个社会组织里的公共关系人员会不会说话、说话得体与否，会直接影响公众的态度，直接关系到该组织社会形象的好坏。

《晏子春秋》中“晏子使楚”一节讲了这样一件事：

晏子使楚，以晏子短。楚人为小门于大门之侧，而延晏子。晏子不入，曰：使狗国者从狗门入。今臣使楚，不当从此门入。傧者更道从大门入，见楚王。王曰：齐无人耶？晏子对曰：临淄三百闾，张袂成阴，挥汗成雨，比肩继踵，而在，何为无人？王曰：然则子何为使乎？晏子对曰：齐命使各有所主，其贤者使使贤主，不肖者使使不肖主。婴最不肖，故宜使楚矣。

晏婴出使楚国时，正值楚强齐弱之时，如何维护齐国的形象，树立齐国的威信，这是摆在晏婴面前最现实的问题。楚王为了羞辱齐国，先开一个小门让晏婴入，晏婴以“使狗国者从狗门入”为理由，迫使楚臣放弃小门，打开大门。第二次，晏应又以“不肖者使使不肖主”的话题回击了楚王对自己身材矮小的讽刺，化被动为主动。晏婴的话语语气委婉，但话锋犀利、柔中带刚，既没有使对方过分难看，又维护了齐国的尊严和形象，给两国以后的合作留下了余地。

现在大多数企事业单位都设立了公共关系部门，都有专门的公共关系人员，专门处理与本单位相关的公共事件，以便企事业单位在公众中树立良好的形象。公共关系人员代表单位，并为单位的形象而服务。他们的一言一行、一举一动都和单位的形象有关。从这一点上说，他们应对公共事件和“晏子使楚”有相似之处。

语言是公关的先行者，好的公关人员会通过恰当的语言进行沟通和交流。例如：

“您好，请问，我有什么可以帮助您的吗？”售后服务的公关人员问道。

“我是来投诉的，你们怎么回事？我的洗衣机，已经一个星期了，原来说好三天就可以修好的，可现在，还没有修好，都一个星期了，总是推来推去，我要当面问个清楚。”客户有点着急地说着。

“请您不要着急，来，先生，先喝杯茶！菊花茶可以吗？消消气。我这就去给您问一下，保证给您一个满意的答复！您稍等，请您先看看刚到的报纸。”

顾客喝茶等着，售后服务人员忙不停地打着电话。

大概几分钟后，售后服务人员过来了。恳切地说道：“您好，您的事情我问清楚了。主要是您的洗衣机里有一个关键部件需要更换，可不巧我们这里用完了，要紧急从总厂调运过来，零件现在已经在路上了，估计明天就可以到。你看这样行不行，明天零件一到，我们以最快的速度把您的洗衣机修好，给您送到家，免除您的修理费用。”

售后服务人员接着说：“给您造成的不便，我们表示真诚的歉意。您的到来，是对我们的服务提出了新要求。再遇到您这类问题，我们一定会预先告诉客户，不会给客户再造成新麻烦。”

听了这话，客户满意地走了。随后，售后服务部的墙上补上了这样一个规定，在承诺规定的时间内一定要信守客我双方的承诺，保证修好机器，万一不能修好，一定事先通知客户。

公共关系部门的基本功能有两个：一是沟通联系，二是塑造形象。这两个基本功能的实现都是靠公关人员的言行来实现的，而在“言”和“行”中，“言”无疑是最主要的，因为应对公共事件时，首先要通过语言做出回应。公关人员的每一项工作，可以说都离不开语言的使用，语言使用的好坏和公共关系的成功与否有着最直接的联系。上面的例子就凸显了恰当的语言使用在公共关系方面的重要作用。正是公关人员恰当而礼貌的语言，消除了客户的怨气，获得了客户的认可，避免了一场危机。

公众又分为顺意公众、逆意公众和边缘公众。简单地说，顺意公众就是对某一特定组织具有好感的公众，逆意公众就是对某企业单位没有好感的公众，边缘公众就是对某企业单位不太了解、无所谓好感的公众。顺意公众是回头客，是常客，具有稳定性，是支持者。逆意公众往往是由于对某一次服务或者产品质量感到不满而产生的，他们对该企业单位没有好感，一般发生摩擦后再也不会跟他们打交道。边缘公众就是和某企业单位从未打过交道的公众，这类公众是可以争取的。做得好，他们就可以成为顺意公众，变成支持者。做得不好，就会转为逆意公众。公共关系工作人员的目标就是稳定顺意公众、减少逆意公众、争取边缘公众。而要做到这些，公共关系工作人员就必须学会用得体的话语化解矛盾、宣传自己、感动公众。

一个有生命力的单位组织，总是十分注意本单位员工素质的培养的。日本的许多企业，尤其是销售部门，在工作人员上岗之前，都要先进行语言训练，让工作人员懂得说什么样的话才能让客户满意。现在国内的许多知名企业也都设立了公共关系部门，专门处理企业和客户之间的关系，以树立企业形象。在海尔、长虹、娃哈哈等企业的成功案例中，谁都不能否认公关人员的努力，不能否认公关人员的语言魅力。

# 人们说话的五种境界

既然口语交际有质量高低之分，那人们说话就有不同的境界。这里我们把人们说话的境界分为五种。

## 第一种：根本说不清楚

第一种境界是根本说不清楚。在现实生活中，有些人说话费力，费了好大的劲儿，连说带比画，才能让人弄明白意思。表达不清楚，不但影响交流，也影响表达效果和人们的感受。人们的声音不同，说话风格形形色色，但要有一个最起码的标准，就是让别人听清楚。人们说话口齿不清的原因很多，大体有以下四个。

### ◎声音本身有“杂质”

有些人由于口腔和鼻腔共鸣器的形状问题或声带厚薄不匀，说话时容易产生“杂质”。这些人或咬音不准，或发声共鸣不好，或根本发不出人们习惯的声音，导致声音如“破锣”，有“劈腔”，声音刺耳，让人听不清楚或听起来不舒服。

**◎说话习惯不好**

说话习惯不好。有的人说话声音前高后低，一句话的前半部分尚能听到，后半句就听不清了；有的人说话断句不对，在不该断句的地方断句，让人不知所云；有的人韵母和声母发音不到位，让人听起来感觉怪怪的；还有的人四个声调掌握得不好。这是因为没有养成良好的说话习惯，后天也没有意识改正，从而形成不好的说话习惯。

**◎方言问题**

方言和普通话的发音是不一样的，我国大多数人说话都带有方音。有些方言的语速是比较快的，如吴语区人们的语速就比较快。因此，吴语区的人们说普通话时，说得慢，听话人还可以听明白，说得一快就听不明白了。有一些方言，如北京话，儿化过多，让人听不清楚。还有一些方言，“n”“l”不分、“f”“h”不分，或舌尖前音和舌尖后音不分，让人听不清楚。

**◎口齿变形**

一些人由于先天和后天的原因，口齿变形，造成咬字不准，让人听不清。例如，一些人由于口腔变形，发音就不到位，吐字就不清晰，以至于让人听起来感到费劲。

## 第二种：说得比较清楚

第二种境界是说得比较清楚。处于这种境界的人，其发声是最自然的状态，符合大众的听觉习惯，没有明显的毛病。说话者口齿清楚，在一定的距离内能让人清晰地听到表达的内容。但声音听起来平平，比较大众化，没有特点，也没有吸引力。这种境界的声音谈不上有艺术性。大多数人说话都处于这个境界。

## 第三种：听起来舒服

第三种境界是听起来舒服。处于这种境界的人，其发音听起来舒服。这类声音，由于口鼻腔的共鸣器构造较好，声音符合性格和性别等特点，发音没有杂音，吐字清晰，声音纯正。其声音传出的附属意义多是正面的。这类声音是比较自然的，说话人注重发音方式，纠正自己的发音习惯。发音到位，方式正确，所以声音听起来就舒服多了，具有一定的磁性。

## 第四种：有自己的特色和感染力

第四种境界是说话要有自己的特色和感染力。处于这种境界的说话人，其声音音质较好，又经过科学的发声练习，咬字清晰，发音正确，运气得当，声音具有相当的磁性，能展示出自己的个性和风采，能把声音和自己的气质、风度、品位、知识、长相有机地结合起来，具有一定的艺术魅力，可以感染人。一般来说，播音员、主持人多处于这种境界。

## 第五种：把说话当成艺术

第五种境界是把说话当成艺术。处于这种境界的就是语言工作者和语言大师了，如相声演员、电影和电视剧演员，尤其是配音演员等。演员不但要通过形体，还要通过声音去塑造形象。好演员形体表现力强，语言表达好，人们就可以得到艺术享受。处于这种境界的说话人，其声音穿透力好、感染力强，能运用声音来刻画人物性格、塑造人物形象，能够把声音提升到较高的艺术境界。

# 交际对象对语言交际的制约作用

交际对象对语言交际的制约作用是明显的。由于交际是面对面的，交际对象的身份、年龄、长相、气质、穿戴、生理特征等总会给对方一定的印象，从而制约交谈者的语言行为。这种制约主要表现在：

## 交际对象制约着交际的内容

对语言的理解和反应是一种复杂的心理过程，它与交际对象的各种构成因素有着密切的联系；同时，词语具有多义性，不同的交际对象会依据自己的特点、能力去理解语言的意义。因此，人们对同一个信息内容的理解和反应不尽相同。比如，一个从法国留学归来的人到朋友家串门，谈起对法国的印象："在法国，几乎家家都有汽车，而作为健身用的自行车却不好买，就是仅有的一些也是质次价高。"其朋友是搞文学理论研究的，听到这话没有兴趣，而朋友的妻子听了这个信息却异常兴奋，接连问了许多有关法国自行车的问题。原来，朋友的妻子在外贸公司工作，从事和自行车出口有关的工作，近一段时间，正为自行车出口伤脑筋，听到这个消息，怎能不兴奋？职业不同，对信息内容的感知就不同，所以对同一个交际内容也就有不同的反应。要达到交际目的，必须了解交际对象，因人施语。

## 交际对象制约着交际的方式

交际方式是多种多样的，不同的人对不同的交际方式往往会有不同的反应。比如，宴请交际就比在办公室里进行工作会谈轻松许多，因为宴会容易冲淡人们之间的紧张气氛，也容易给人们提供话题。而向领导汇报工作时，就要严肃。有时候，办公室里谈不成的事，换个场合也许就能谈成，这源于人们对交际方式的不同反应。交际方式与交际对象没有直接联系，但交际对象对不同的交际方式有不同的喜好。弄懂了这个道理，在语言实践中，我们可以根据不同的交际对象，选择不同的交际方式。

人的性格是多种多样的，人的情绪也会有变化，人们也都有年龄、职业、性别的区别，所以，对不同的交际对象，要善于选择不同的语言表达方式。因此，在交际中，我们要根据不同的交际对象，因人施语，做到以下几点：弄清交际对象的心理特征，明确交际对象所需要的信息，做到“有的放矢”；考虑到交际对象的接受能力，做到“因人而异”；选择灵活多变的交际语言和交际方式，做到“随机应变”。

# 交际的类型

人的交际是一个复杂的社会现象，根据不同的交际对象、交际内容，我们可以把交际分成多种类型。根据血缘关系，可以分为血缘关系交际和非血缘关系交际；根据性别，可以分为同性交际与异性交际；根据感情的需要，可分为情缘交际和非情缘交际；根据年龄，可分为同龄人交际和非同龄人交际；根据社会分工，可分为同行交际和非同行交际；等等。不同的交际类型有不同的特点。任何一种交际，都可以从交际内容、交际频率、交际时间、交际方式、交际感情、交际距离等方面来考察。

## 血缘交际与非血缘交际

家庭是一种社会生活的组织形式，其特点就是以婚姻为基础，以血缘关系为纽带，以共同的经济生活为基本表现形式。家庭是人类生存、繁衍、生育后代的基本组织形式。血缘交际是人类最原始也最主要的交际，是人类交际中最让人信赖和重视的一种。从交际时间上说，它具有长期性、稳定性的特点。所以我们把血缘交际和家庭交际放在一起进行说明。

### ◎夫妻之间的交际

夫妻之间的交际是家庭交际中最重要的交际，也是人的一生中交际时间最长的。它既是以婚姻为基础的交际，又是人类异性情感升华的最终结果。夫妻之间虽然没有血缘，但两者之间的交际却是血缘交际的核心。从内容看，夫妻之间的交际具有广泛性，夫妻之间可以说无话不谈；从情感看，夫妻之间的交际最真挚，双方都把对方看成最可信赖的人；从交际方式看，夫妻之间的交际具有自由性，能选择任何交际形式和方式，可以推心置腹地交流；从交际距离看，夫妻之间的交际距离是“零”，这是其他任何交际都行不通的；从交际频率看，夫妻之间的交际频率最高，即使分居两地，也会交流不断，商量家中大小事情；从交际时间看，夫妻交际最具恒定性，这种交际一旦形成，几乎是终生的。

夫妻之间的交际要注意以下几点：

其一，夫妻之间要不断进行情感交流，可以互相谈谈自己的工作情况，商量家庭中的各种事情，经常谈谈对对方的意见和感受。异地分居的夫妻，可以通过书信和网络交流感情和信息。

其二，夫妻之间要相互尊重，以诚相见。在社会交往和生活中，可能一方会比另一方在某个方面强一些，如工资高一些，职级高一些，但这对夫妻来说都不是炫耀的资本。言谈中不要带有轻视对方的语气，否则会伤害对方。如果对对方有什么不满，也要抽时间谈一谈，才能加深理解。

其三，相互体谅，主动解决矛盾、冲突。夫妻之间不可能不发生冲突和矛盾，一旦发生矛盾，不要相互赌气、激怒对方，也不要随意把矛盾向第三方扩散，而应克制自己，宽待对方，寻找解决的办法。夫妻之间需要一套解决矛盾的办法。

### ◎代际之间的交际

代际之间的交际是指辈分不同的人所进行的交际，既包括有血缘关系的，也包括非血缘关系的交际。这种交际主要是指长辈和晚辈之间的交际。这种交际是纵向的，由于年龄、辈分上的差异，交际往往具有规范性，晚辈要尊重长辈，长辈要爱护晚辈，相互之间都讲一些规矩。从交际感情上看，有血缘关系的代际交际具有亲密性，但交际心理具有差异性，这主要是指“代沟”。在这种交际中，长辈总会向晚辈倾谈自己的经验，谈自己对晚辈做事的看法。这里面有不少人生真谛。长辈对晚辈总是爱护的，有时对晚辈的做法不太理解，但总体上对晚辈要宽容一些。年轻人和长辈所处的时代不同，处世方式也不会完全一样，只要不太出格，大可不必事事关照。如果晚辈的做法真的有悖道德和情理，要坚决制止；如不碍大事，就不要过分挑剔。作为晚辈，对于长辈的话，要表现出虚心接受的态度，不要处处反驳。尽管有时长辈说的话不正确，或者说的道理已经不符合社会现实，晚辈也不要逐一驳斥，要理解长辈的苦心。晚辈最容易出现的状况就是和长辈较劲，处处顶撞长辈，让长辈生气。豁达开明的长辈总是受晚辈喜欢的，而聪明听话的晚辈总是受长辈爱护的。

### ◎同辈之间的交际

同辈之间的交际也是一种常见的交际。在家庭中，包括兄弟、姐妹、姑嫂、妯娌等之间的交往。由于年龄相近，或有一定的血缘关系，同辈人的性格、习惯、情操等容易趋向一致。但长大成人后，家庭财产的分割、互相攀比等心理，再加上传统文化等的影响，使得同辈间的交际往往比较复杂。要想搞好这种关系，最重要的是尊重对方，不要过多地干涉对方的生活；和睦相处，多给对方帮助；相互谦让，经常沟通，不要“同室操戈”。

### ◎亲属之间的交际

亲属关系是比较复杂的，既有近亲，也有远亲；既有直系，又有旁系。

在这种交往中，人情味较浓，双方都比较看重亲缘关系。在相互交往时，要注意情感的交流，要让对方感到自己不是“外人”。同时，亲属之间要相互尊重，不要以贫富分亲疏，既不要盛气凌人，也不要唯唯诺诺。另外，亲属之间是要互相帮助的，不应过多地干涉对方的家事，更不要互相攀比。

## 同性交际与异性交际

### ◎同性之间的交际

同性交际是指男性与男性或女性与女性之间的交际。这种交际，由于是以性别为界，所以带有明显的性别特征。男性之间的交际相对直接，如果脾气相投、爱好接近，就会产生交际需求，交际的内容多与爱好、工作、业务有关，很少涉及家庭琐事。交际环境多是公共场所，如酒店、运动场地、工作单位等。男性之间的交际，除了话题的选择符合性别要求之外，一般来说，相互间的肢体语言较少，第一次相识时具有一定的戒备心理。

女性之间的交际最初比较矜持，初次交际往往放不开，随着接触次数的增多，才慢慢产生交际需求。交际的内容多是家庭、孩子、父母、穿戴及邻里之间的琐事等。女性的交际场合比较单一，多是在家中或熟悉的场合，有时也会去商场、咖啡馆和茶馆。与男性相比，女性之间的交际频率比男性要高，一旦脾气相投、互生好感，往往要经常见面，话题多与自己有关，会征求对方的意见，听听对方的看法，往往带有一种依恋性，这是男性之间的交际所没有的。在女性之间的交际中，肢体语言较多，尤其是关系比较好的女性，就是所说的“闺蜜”。

### ◎异性之间的交际

异性之间的交际也是男女之间最常见的交际。这种交际最明显的特点就是带有规范性。由于男女之间的生理、心理特征不同，年龄、职业、生活习惯等的差异，异性之间的交际频率、交际距离、交际感情等也会有不同。一般来说，青年男女之间的交际频率会高一些，交际距离会近一些，交接方式会自由一些，当然也容易产生戒备心理结束交际。而年龄较大的男女之间的交际距离则会远一些，交际的频率也更低，具有自我封闭性。

异性之间的交际具有明显的规范性，交际中有很多禁忌。例如，男女之间，一般是不会谈论性话题的。这里谈的异性之间的交际不包括夫妻之间或恋人之间的交际。

## 情缘交际与非情缘交际

### ◎情缘交际

情缘交际是指以感情为纽带而建立起来的交际。人们互相之间建立情感，在许多情况下是由于双方的志趣、性格、爱好等一致，彼此之间有交往的需求。一般来说，情缘交际频率比较高，信任度也比较高，交际对象也比较固定，双方都比较珍惜这份感情。情缘交际主要有两大类：一是友人之间的交际，二是恋人之间的交际。

#### 友人之间的交际

友人之间的交际既存在于同性之间，也存在于异性之间。这种交际以道德和道义为衡量标准，在感情上具有依赖性。在交际中，交际双方都把对方看得很重，把与对方的感情放在重要的位置上，宁可自己吃亏，也不让对方受委屈，日常生活中互相帮助、互相提携。交际得好，这种关系甚至可以延续到下一代。这是人们在各种交往中非常看重的一种交际。历史传说中的“桃园三结义”、共产主义的缔造者马克思和恩格斯的革命友谊就是这种交际的典型代表。

在异性友人之间的交际中，男人称女人为“红颜知己”，女人称男人为“蓝颜知己”。在这种交际中，双方由于性别不一样，看待问题的方式就有差别，所以互相给予的帮助和建议往往更具有可行性。但这种交际的前提是不会转换成情人之间或恋人之间的交际，因为一旦转换，就是另一种交际。

**恋人之间的交际**

恋人之间的交际是指异性之间以爱情为基础并以结婚为目的的交际，这种交际在思想感情上和交际性质上都有新的含义。这种交际的目的性很强，交际的对象具有明显的单一性，交际的感情具有专一性和排他性，交际频率很高。人们常常用“一日不见，如三月兮”“如胶似漆”等来形容这种交际。

### ◎非情缘交际

非情缘交际就是不以感情为纽带而进行的交际。这种交际，不涉及感情因素，完全是公事公办的样子，交际频率再高，距离也不会渐近，交际具有严肃性和规范性，交际的时间一般不会太长。这种交际主要表现在工作上。如法官和当事人、律师和当事人等，他们的交际就属于这一类。

## 业缘交际

业缘交际是指在同一行业、同一社会团体中工作、学习或从事同一活动的人们之间的交际。这种交际的媒介是共同的事业，包括同学之间的交际、同事之间的交际、领属交际等。

### ◎同学之间的交际

同学之间的交际是指在同一个教育机构学习的人之间的交际。同学之间的交际是一个人走向社会的交际起点。这种交际的内容多以学习知识为主，其交际中的情感也是以学习知识为前提的，当然也包括其他交际内容。交际的场所多在学校。值得一提的是，由于同学之间的交际是人们成长期的交际，所以很容易引起思念。又因为这种交际中的感情不是建立在互相利用的基础上，情感纯真，所以这种交际往往会延续下去。双方即使离开了学校或教育机构，这种交际仍会进行，只是交际的场合和交际的内容会有所改变。在林林总总的交际中，同学之间的交际已成了一种极为重要的交际。这种交际可靠性强，维系长久，交际频率较高，交际方式多样，交际范围广。

除了同学之间的交际，战友之间的交际、老乡之间的交际大体也属于这类。

### ◎同事之间的交际

同事之间的交际是指处在同一社会团体或从事同一工作的人之间的交际。由于工作关系，这种交际频率较高，大家几乎天天见面。由于处于同一个起点，互相间的利益关系复杂，所以这种交际具有复杂性：一方面，交际对方可能是直接利益的争夺者；另一方面，双方是共同利益的可靠同盟军。交际中既有合作，有时又难免产生矛盾。同事之间的交际时间一般很长，可能会有几十年。这种交际需要一定的处事艺术，做到“小事不计较，大事不糊涂”，不能过分较真，否则就无法处理好这种交际。

### ◎领属交际

领属交际是指在同一社会团体内领导者与被领导者之间的交际。领属交际的对象处于上下级关系，由于交际双方在权势、地位上的差距，所以这种交际难以亲密，往往会造成心理上的隔阂。这种交际内容单一,一般是工作方面的，程序化较强。在领属交际中，处于领导地位的一方要注意避免专横跋扈，努力和下级搞好关系，处理工作和布置工作时，尽量不要给人以冷硬的面孔；工作之余，多和下级接触，多关心下级生活，和下级说些轻松的话题，让大家从心理上减少隔阂感。同时要注意，不要把那种兄弟义气纳入工作中，否则会造成领导毫无威信、工作指挥不动等被动局面。处于领导地位的交际者，要有领导的胸襟和风度，做到严肃又和蔼、严谨又宽厚。处于被领导地位的交际者，要避免奴颜媚骨，也不要一副满不在乎的样子；要尊重领导，做到工作中服从领导，生活中互相关心，把握好同领导的关系。在交际中，上级和下属都应该明白，人的人格是平等的，处理问题不能侮辱人格。

## 社会交际

社会交际是指社会成员在社会生活中所进行的交际。由于受政治、经济、法律、道德、社会公德等的制约，社会交际要遵循一定的行为准则。违背约定俗成的准则，会受到谴责。社会交际的范围很广，既有经济的、法律的，又有地缘的、业缘的，比较庞杂。具体介绍以下几类。

### ◎邻里之间的交际

家庭是伴随人类社会的出现而出现的。一个个独立的家庭生活在相对固定的同一地域，就构成了守望相助、交际频繁的邻里群体。邻里之间的交际是指邻里之间的往来，又叫地缘交际，是社会交际中最常见的一种。

邻里交际的第一个特点是频繁。社会学研究表明，人际交往的频率与人际距离成反比，距离越近，交往越多；距离越远，交往越少。邻里之间，一墙之隔，几步之遥，坐在自己家，就可以同邻里交谈，交往自然频繁。邻里交际的第二个特点是以日常生活领域为主，如互借生活用品、互相帮衬等，这种交际能起到互帮互助的作用。

从现代社会的发展看，我国农村的邻里交际比城市的频繁，城镇居民集中的地方邻里交际比其他地方的频繁，住在平房里的居民，其邻里交际比住在楼房里的频繁，老居民区的邻里交往比新区的频繁。社区内文化程度越高，可能邻里交际越少。在一些城市的高楼内，居民“鸡犬之声相闻，老死不相往来”的事情并不罕见，甚至在同一个单元住了几年互不说话、互不认识的情况并不少见。

俗话说，远亲不如近邻，相互尊重、彼此照应的邻里关系是相当重要的。在今天的农村、不算发达的县城和乡镇，邻里之间的交往频率是相当高的，其密切程度往往超过有血缘关系的人际交往。在浙江省的一个县城，有一个守望相助、邻里关系非常融洽的集体，他们非常珍惜邻里关系，平时互相帮衬、互相照顾，其乐融融。大年初一上午，这些邻居不是去走亲戚，而是坐在一起，放鞭炮、吃饺子，畅叙友谊和关怀，来自 9 个不同家庭的全体成员分成几桌，共同举杯，预祝新年快乐。他们之间的这种交际已经延续了十几年。在生活中，我们也经常能听到由于邻里关系非常好，其友谊延续到下一代的感人故事。

邻里交往得好，可以互相帮助，亲如一家；交往得不好，往往会产生摩擦，行同路人。因此邻里之间要进行交际，首先要相互尊重，这是维系良好的邻里关系的最起码的条件。邻里之间的交际多是日常琐事上的联系，这种守望相助，都是以相互尊重、相互谦恭为基础的。

其次，要互相体谅。人们相邻而居，在日常说话时或多或少会出现一些不愉快，如扰乱邻里的噪声、不当的物体堆放、孩子之间发生的口角、不小心碰坏的物件等，都是难免的，但邻居之间应该互相体谅、宽容大度，同时也要注意自己不要影响到邻居。

最后，邻里之间的交往最忌讳说三道四、搬弄是非。每个家庭都有自己的隐私，都有一些不愿为外人所知的事。议论别人的隐私不仅会败坏自己的名誉，还会损害邻里关系。

### ◎公共交际

公共交际是人们在社会公共场合所进行的交际，这种交际多是暂时的。

如人们到百货商场买衣服，进入商场，开始和售货员交谈，就形成了买卖双方的交际；衣服选好，付了钱，这种交际也就此结束。这种交际范围不会扩大。公共交际中要诚实守信，这是底线。公共交际的另一个原则就是唱收唱付，不能有店大欺客或客大欺店的心态。

### ◎路人之间的交际

路人之间的交际是指与陌生人的交际。与陌生人的交流是短暂的，多是同一个人仅仅打一次交道，但这种交往又是我们日常交际中所常见的。路人之间的交际首先要克服封闭的心理，提高主动性，不要回避这种交往，不要采取冷漠的态度。一些没有社会经验的人在和陌生人打交道时，容易产生警惕或羞怯的心态，说话脸红，或者语无伦次，致使交往受到阻碍或者不能完成交际。一部分刚刚走进社会的大学毕业生就有这方面的困扰。其次，要热情相帮。路人虽不相识，但也要彼此尊重，如有难处，应尽量相帮。当然，因为交际对象都是陌生人，互不了解，所以在交际中还需要有一定的戒备心理，以免上当受骗。

### ◎主客之间的交际

主客之间的交际是指各种服务行业的从业者与顾客之间的交际，即服务者与被服务者之间的交际。这里我们把服务的一方称为“主”，把被服务的一方称为“客”。社会是由从事各种行业的人构成的，几乎每个人都是服务对象，同时也都是被服务对象。在主客交际时要注意：第一，在作为“主”，为客人进行服务时，不要老想着自己是在伺候人，总觉着自己吃亏，而要树立为客人服务的意识，以职业道德来严格要求自己。服务要热情，行动要快，有问必答，热情周到，童叟无欺。第二，作为“客”，要理解服务者的苦衷。服务工作千篇一律，单调乏味，时间一长，总会使人烦躁，尤其在每天即将下班的时间更是如此。在服务者出现这种情况时，

“客”要宽容一些，切不可冷眼相待，激化矛盾。第三，时刻提醒自己，主客角色是经常互换的。你是医生，上班时间为病人服务；而你下班时间去商店购物，马上就变成了被服务的对象；下班时间乘公共汽车，你又是乘客。所以，一个人在社会上既是服务者，同时也是被服务者。

以上我们从不同的角度对交际类型做了大致的分类。这些分类是以实用性和鲜明性为前提的，并不是严格按照逻辑学的观点进行分类的，其间往往是一种相融的关系。人们之间的交际是复杂的，其种类也是多样的，我们要具体问题具体分析，不可做绝对化的区分。

# 交际的原则

## 尊重

每个人都有自己的人格尊严，并期望在各种交际场合中得到尊重。一个人的金钱有多有少、权力有大有小、长相有美有丑，但人格是平等的、尊严是平等的，不能以金钱、权力、美丑等来衡量。尊严是做人的体面，是人在公众场合的一种价值判断。维护他人的尊严能够使人相互信任、彼此坦诚，能缩短人们交往的心理距离，从而完成交际。

尊重对方，就是尊重对方的规定和规范，尊重对方的尊严，尊重对方的身体，尊重对方的隐私，尊重对方的人格，等等。知道什么不该说，什么必须说。不尊重对方，就是冒犯了这些。

在日常语言交际中，有些人不知道尊重别人，而这集中体现在具有某一优势地位的所谓“尊者”身上。这些“尊者”凭借一技之长处于优势，说话时不尊重对方，或盛气凌人、口出狂言，或侮辱对方、口不择言，或脾气甚大、粗语连篇。这些不知道尊重别人的人最终也得不到别人的尊重。

以下是几种不尊重人的表现。

**◎狂妄自大，盛气凌人**

有些人自以为了不起，平时说话总是很狂，在众人面前总是夸赞自己、贬低别人，处处显出高人一等的样子。这类人的权力往往不是最大的，钱不是最多的，但相对的养尊处优让他们不能正确地看待自己。生活中这种狂妄主要有三种表现：一是做官的狂，这种狂主要是到处摆官架子，做派高调。二是有钱的狂，总是到处显摆自己有钱。三是文人的狂，在说话时总显得自己水平高，处处贬低同行。

**◎肝火旺盛，脾气甚大**

有些人平时说话时，肝火旺盛，喜欢和人较劲，动辄发脾气，动辄争个长短。他们说话时，常带火药味，口气很冲，随时准备和他人理论。

**◎口不择言，常爆粗口**

在现代社会，有些人喜欢爆粗口，认为有口头语是张扬个性，以敢说粗话为荣。说这类话和人的品位相关，和人的欣赏水平相关。

**◎轻慢他人，侮辱对方**

一些人在平时的交际中喜欢揭别人的短，这是很没有品位的。其实你在揭别人短处的时候，也在暴露自己的不光彩。

◎**阴阳怪气，不知轻重**

有些人不识大体、不讲礼貌，说话阴阳怪气、不知轻重，殊不知自己的话语很有攻击性，已经伤害了别人。

在交际中，尊重是实现交际目的的重要前提。坚持交际的尊重原则，就要在举止上和人格上尊重他人。尊重他人表现在以下几个方面。

◎**尊重他人的思想**

每个人的思想都是独一无二的，考虑问题的方法也是独特的。尊重他人，首先表现在尊重他人的思想和考虑问题的角度，表现出对他人思想的理解。这往往需要换位思考，站在对方的角度思考问题。当和对方意见不一致的时候，要用得体的言行传递出理解对方的意愿，对对方提出的观点给予充分的考虑。如果对方有不想提起的事情、不喜欢谈论的话题，就要尽量避免在他面前提起。

◎**尊重他人的身份**

身份是社会赋予人的一种地位。身份显赫能满足人的自我价值的需要，会有“一览众山小”的潜意识，但也会给人带来一种瞧不起别人的感觉。身份一般，又会让人有一种自卑感。生活中不应以出身来区别他人，不应以身份的尊贵与否来区别看待。普通人对待显赫的人不要卑躬屈膝，同样，身份显赫的人对待普通人也不能高高在上。

◎**尊重他人的年龄**

对待年龄大的人要有礼貌。礼让三分，这是现代文明的应有之义。尊重老人是美德，要在言行上尊重老人，使用敬语，不顶撞老人，不能冒犯。有时，老人的言行并不是对的，但如果不涉及原则问题，我们就可以选择包容、退让，不要去较真。如果是原则问题，就需要选择好言辞，不能不管不顾随意乱说。

**◎尊重他人的性别**

对待异性，要有符合性别规范的举止和礼貌，这在全世界都是适用的。违背了这些规范，就是行为不轨。我们的一些词语，如“图谋不轨”“举止轻佻”“不端庄”等，都是形容一个人在异性面前没有符合规范的举止。有些行为如果表现在大庭广众之下，就是很不礼貌的。如两个年轻的男女恋人，在大庭广众之下卿卿我我就很不得体，因为场合不对。现实中，不尊重他人的性别往往表现为一些男性不知道尊重女性，在异性面前举止轻浮，言谈露骨。

**◎尊重他人的职业和劳动**

职业只是社会上的不同分工。从这一点来说，只有社会分工的不同，没有工作的卑劣，不能根据工作把人分为三六九等，比自己好的就尊重，不如自己的就瞧不起，这是很不好的。懂礼的人，会尊重别人的职业和劳动，不去破坏别人的劳动果实。例如，在干净整洁的公共场所，如果乱扔果皮纸屑、乱吐瓜子皮，弄得一片狼藉，就是无知和没有礼貌的举动。

**◎尊重他人的习惯与爱好**

每个人都有与众不同的生活习惯，这些习惯不以别人的喜好去改变。尊重他人就要尊重他人的个人习惯。每个人都有自己的爱好，这些爱好是人在长期的工作和生活中形成的偏爱。如果一个人的偏爱没有伤及别人，那就应该尊重他人，不要随意非议。如有些人喜欢吃辣的，有些人喜欢穿西装，有些人喜欢旅游，有些人喜欢摄影，有些人喜欢养小动物，有些人喜欢独居。这些爱好是个人的偏爱，应该得到尊重。

### ◎尊重他人的隐私

所谓隐私，就是不想被别人知道的个人行为或事件，具有隐藏性和私密性等特点。所有人都不希望别人知道自己的隐私，更不喜欢别人议论自己的隐私。尊重他人，就是不在背后议论他人的隐私。议论他人的隐私、打探他人的隐私，甚至传播他人的隐私，是典型的市井市侩行为甚至是违法行为，是没有品位的表现。

### ◎尊重他人的身体

在日常举止中，不能随意触碰别人的身体，不合时宜地触碰别人的身体是很不礼貌的行为，尤其对方是异性时。尊重对方的身体，还表现为尊重他人身体的某种缺憾，不要随意提及。尊重他人的身体还包括不在众人面前谈论身体。在众人面前谈论他人的身体，这是极不恰当的。

### ◎尊重彼此交际的空间距离

不同文化都有自己约定俗成的交际距离，交际距离是人们在日常交往时最适宜的空间距离。人与人之间正常的交际距离一般不会小于 30 厘米，也不会超过 1.5 米。超过 1.5 米，就是陌生人之间的交往；小于 30 厘米，就是亲密接触。但一些特殊场合除外。如在公交车上人挤人，人们之间的距离很小，但这并不是亲密接触。在交际中，要遵守交际距离规范，不能随意逾越。

### ◎尊重他人的情感

每个人都会有与众不同的感情或经历，这种感情经历是个人的，是隐私。尊重别人就要充分理解别人的情感。对别人的感情不评价、不触及、不妄议，更不能在背后中伤别人。任何对别人的感情经历说三道四的行为都是极为不尊重人的表现。

## 包容

包容，即宽容、容忍，是指人们在交际时要心胸宽广，不计小过，能容人之短。包容原则就是指在和人交往时对一些非原则的问题、无关大局的小事不要斤斤计较，要严于律己、宽以待人，用辩证的观点看待人和事，以达到交际的目的。

我们的社会是一个多元化的社会，人们相互之间的关系越来越复杂，必然引起个体之间冲突的加剧。人与人之间的关系再好，也有发生矛盾的时候。要与周围的人保持良好的人际关系，就必须学会调整自己的心态，不能以自己的好恶来处事，不能以自己的喜好来论长短。就算对方对自己有一点不好，也不能抓住不放，得饶人处且饶人，学会与他人和谐相处、求同存异。要为他人着想，换位思考，做到以诚相待，从而创造良好的交际氛围。

宽容是一种美德。任何做大事的人都是能团结绝大多数人的智者。在现实中，不够宽容表现在以下几个方面。

### ◎心胸狭窄，无端怀疑

一些人心胸不宽广，爱猜疑，怀疑一切，事事与人不善。他们看人，首先假设对方是坏人，抱有一定的戒备心理，以为别人会对他不利，随时准备回击对方。平时观察人也多用不信任的眼光，所奉行的是“你对我好，我才能对你好”。对别人的许多话都从自己的角度解读，从而引申出很多对自己不利的信息，之后开始回击对方。这是典型的“性恶论”者。

◎**自私自利，事事相争**

一些人由于自私自利，处处想占便宜、处处想沾光，从不考虑别人的感受。他们通过占便宜来获得心理平衡，不能占到便宜就是吃亏，更看不得别人得便宜，自己吃亏。他们行事，先替自己打算。说话和处事时，见荣誉就上，见利益就争，哪怕是蝇头微利、蜗角虚名，也要争个头破血流。他们看不得别人比自己好，也容不得别人超过自己。事实上，从没有只沾光的人，也从没有只吃亏的人。经常沾光，总有一天要吃大亏；而经常吃亏的人，总有一天会得到补偿。

◎**斤斤计较，针锋相对**

一些人在处理矛盾时，喜欢斤斤计较，针锋相对。他们说话时喜欢以眼还眼、以牙还牙，以为只有这样才能保护好自己，才能使自己不被人欺负。其实，这些人是保护自己“过当”。任何人说话都不可能非常得体，当发现别人说话时牵涉了自己，或不利于自己时，要分析一下对方是不是有意的，要看和自己的相关程度，要分析当时的话语环境和氛围，再做判断，不能不顾时间、不顾地点、不顾场合随时反击。还有些人，说话喜欢攻击对方、口无遮拦，以为这就是直率和坦诚，其实不然。

对别人宽容，要做到以下几点。

◎**学会和自己不喜欢的人打交道**

和自己打交道的人，并不都是自己喜欢的人。对于不喜欢的人，只要不是原则问题，要学会退一步，所谓退一步海阔天空。不喜欢别人不要紧，关键是不要处处和不喜欢的人作对，不要有意为难他们。可以少接触、少说话，但不能有敌意。在现实生活中，往往会有一些人就喜欢针尖对麦芒，你说我一句，我一定要顶过去一句，你瞪我一眼，我一定要还过去一眼，其实这没有必要。成大事的人，都不会在这些小问题上和别人一般见识。而在这些小问题上喜欢和别人过不去的，往往都是小人物。

### ◎学会听自己不喜欢听的话

人人都不喜欢认输，很多人总会觉得自己比别人强，看别人都是缺点，看自己都是优点。这表现在交往中，就是言谈举止不会让人。人们说话不可能句句都说到对方的心里去，在交往中，听到自己不喜欢的话，尤其是别人在无意中说了不好听的话，可以装作没有听到，不要顶回去，顶回去只会把事情办得更糟糕。如果别人有意说一些不好听的话，也要考虑一下，是否值得反击，如果无关痛痒，大可扭头就走。公共关系工作人员在日常交往中，在听到不顺心的话时，更不能随时发泄给对方，这样只会把事情办糟。以眼还眼、以牙还牙，不适用于公共关系工作中。

### ◎学会面对自尊受到的挑战

每个人都有尊严。当自己的尊严受到挑战，尤其是对方有意污蔑时，要学会有理有据、适时地还击，还击不在于声高，也不在于严厉斥责，而在于要说到点子上，要把最能令对方哑口无言的话说出来，让对方知道自己不可欺负。最好告诉对方，自己对他在忍耐，请对方适可而止，不要继续挑衅，否则双方唇枪舌剑，谁也没有好果子吃。但自己也要适可而止，不能恶语相加。不能以尊严对尊严，别人损伤你的尊严，你也去损伤别人的尊严，那是不可取的。但如果对方无意冒犯了你，而且对方还没有意识到你的尊严受到挑战，这时最好的办法是暗示或提醒，让对方及时意识到，而不是马上变色，恶语相向。

### ◎学会吃亏和忍让

没有永远沾光的人。经常沾光的人，其人缘绝不会太好。在日常交际中，人要学会吃亏，学会忍让。这表现在两个方面，一是别去沾光，尤其是别总去沾光；二是当别人沾你的光时，要学会吃亏和忍让。这既表现在言语方面，也表现在物质方面。

吃亏和忍让是一个人不计小节、大度的表现。看问题要从大处着眼，不要在一句话或者一件小事上纠结。看问题如果能跳出小圈子，从大处着眼，才是正确的表现。

### ◎学会得理让人

由于现代生活节奏快，我们很多人都比较急躁，在得理的情况下，很容易对对方大吼，甚至在没理的时候，也要去搅三分，这都是没有品位的表现。现实中，我们不能得理不让人，要学会得理让人。得理让人是有品位的人做的事，是有文化、有知识的人应有的品德。

## 得体

所谓得体，就是举止言谈要符合当时所处的环境，进退有致。不同的环境下，人们肯定会有不一样的举止；场合不同、身份不同，人们说话的口气、语调、礼仪就不一样。

交际中不得体主要表现在三个方面：一是该低调时不低调；二是不该说的话说了，不该做的事做了；三是该说的话没有说，该做的事没有做。

有些人做人和做事都不会低调，都喜欢“轰轰烈烈”，不论在任何场合，都喜欢托大，甚至喧宾夺主。这主要表现为：在别人讲话时随意插话，甚至是大段的话；当众随意驳斥别人的观点；搞一言堂；插手别人正在做的事情。还有些人，在交际场合中不懂礼数，不看自己的身份，“越位”行动，说了不该说的话。在会话中，有些话点到为止即可，多说一句显得突兀，少说一句显得不到位，这就要把握好度的问题。交际中有些话是必须要说的，如见面问声“你好”、分手道声“再见”等等，这是友好的表现，也是礼貌的表现。

所谓得体，就要做到以下几点。

**◎看身份选择言行**

身份不同，言行就不一样。当一个人在自己家说话时，就没有顾忌，家人一般都比较宽容。但如果到了单位，面对自己的同事，说话就要注意一点，言行就要规范一点。当面前是自己的领导时，那就要收敛一些，不能过分放肆。

**◎看时空环境转换身份**

在不同的环境中，人们要随时调整自己的身份和心态，调整自己的言行。不能环境变了，身份不变，那样就会闹出笑话。

**◎言行勿夸张**

言行不要夸张，不要有过多的夸张动作，说话时也不要过分夸大事实，不能胡吹乱侃，正式场合不能表现得江湖义气过重。言行要和自己的身份相称。有些人喜欢夸夸其谈，满嘴跑火车，自吹“天下的事全知道，天上的事情知道一半”，能把芝麻大的事情说成西瓜大，这些人肯定不是有水平的人。同时，要减少不必要的肢体语言。肢体语言过多，会显得人不稳重。

### ◎说话要有品位，区分层次

说话要注意品位和层次，这就要求人们在公共场合说话要儒雅、得体。比如，可以说一些有品位的笑话，可以不失身份地幽默一下，但不能把别人的隐私当笑话，不能把别人的生理缺陷当笑话。有品位的人会尊重别人，而不会去奚落别人。没有品位的人只会嘲笑别人，那他就不会赢得人的尊重。

### 策略

策略原则就是说在面对一些事情时要学会迂回说话。有些话不适宜直接说出来，说出来会有负面影响，但又需要当事人明白和知道，这时就要采取委婉的办法，要有策略地暗示对方、提醒对方。在交际中，不懂得交际策略的人其实很多。这和人的性格有关系，和人的处事能力也有关系。一般来说，比较沉稳的人、交际能力较强的人，就会多采用一些策略。有些人说话直来直去不拐弯，还美其名曰“坦荡”，其实是不会说话，这样说话很容易让人难堪。有些人说话刻薄，人们最不喜欢听什么，他们就说什么，这是为人刻薄的表现。有些人是闷葫芦，该说的话也不知怎么表达。讲策略，也是尊重、包容、得体的表现，是上述三者的延伸。

# 口语交际的平衡

平衡与口语交际的四个基本原则是有密切联系的。我们主要从适时、适量、适度、适情四个维度谈谈对口语技巧的把握。适度和适情已经在其他部分讲过了，这里主要谈适时和适量。

## 要适时

适时，就是要做到：说在该说时，止在该止处。可有的人在社交场上该说时不说，如见面时不及时问候，分手时不及时告别，失礼时不及时道歉，对别人的请教不及时解答，对求助不及时答复，等等。而有的人该止时不止。他们在热闹喜庆的气氛中唠唠叨叨诉说自己的不幸，在别人悲伤忧愁时嘻嘻哈哈开玩笑，在别人心绪不宁时仍滔滔不绝发表宏论等。这都是社交时不懂得适时的具体表现。

当然，适时还表现在该说的时候一定要说，不能畏缩，不能胆怯。少说一句，别人也许就无法理解你的意思，就无法达到言语交际的目的。在一些场合，需要表达你的立场、你的观点时，一定要说。

适时还表现在不该说的话一定不说。有些话，适可而止。多说一句就显得不礼貌，甚至就因为多说了一句话而破坏了说话的氛围。如下面一段对话：

老李：咳咳，咳咳咳……

老张：我说老李呀，你这感冒不能老拖着呀。

老李：过几天再说，不是有人说感冒拖七天就能自愈吗？

老张：严重的感冒是拖不好的。你一直拖下去，也会传染给我们，我们再会传染给家人，家人再去传染给别人，结果全社会都跟着你感冒，大家一起跟着你受害。这样是蛮不好的哟。

老李：你，你……你至于说得这么严重吗？

这段话中的老张本来是从关心的角度出发的，第一句话说得让人感动，挺不错的；但第二句话就是画蛇添足了。话说得多了，让人感觉不舒服。

适时还表现在说话时要适应时空环境的转换，就是说，在不同的说话环境里，要学会说不同的话；对不同的人，要用不同的风格和语气说话。不能不顾场合，由着自己的性子来。兴之所至，信口开河，这是要犯忌讳的。

## 要适量

适量首先表现在话语要适可而止，就是说话的时间要控制。一个观点、一些意思表达明白就行了，不要啰里啰唆，没完没了。有些人在讲话时，为了显示自己的与众不同，总喜欢长时间讲话，话不分段，一二三四五、ABCDE，讲起来没完没了，好像只有自己水平高。一个懂礼的人、说话得体的人，知道话语止在该止处，不去多说一句话。

作家哈谢克的名著《好兵帅克》里有一个克劳斯上校，此人以说话啰唆闻名。他有一段对军官的“精彩”讲话：

诸位，我刚才提到那里有一个窗户。你们知道窗户是个什么东西，对吗？一条夹在两道沟之间的路叫公路。对了，诸位，那么你们知道什么叫沟吗？沟就是一批工人所挖的一种凹而长的坑，对，那就叫沟。沟就是用铁锨挖成的。你知道铁锨是什么吗？铁做的工具，诸位，不错吧，你们都知道吗？

在生活中、社交场上比之说话啰唆的还有很多，请看下面几段话：

（1）您看，这么晚了还来打搅您，真过意不去。您要休息了吧？真对不起，对不起……

（2）我不同意这个意见！我明确表示不同意。不管你们怎么看，我就是不同意。

（3）那不是我说的，我怎么会那么说呢？您想，我能说那种话吗？那确实不是我说的。

上面的三句话，初听起来似乎是“废话”，但都是为了增强表达效果不得不说的“废话”，是必须保留的语言的“冗余度”。第一句是表示道歉的话，重复表明态度诚恳；第二句话中的重复是为了表示说话人态度坚决、不容置疑；第三句则是说话人急于证明自己而采取的必要的重复。这种语言现象在社交场合中经常出现。

由此看来，社交中的适量，并不排除为达到说话目的的必要重复，它是指根据对象、环境、时间的不同，该多说时不少说，该少说时不多说。适量既指说话的内容适当，也包括说话的音量适宜。应该指出的是，适量并不都是少说为佳，更不是指那种音量没有变化的老和尚念经，适量与否应以是否达到交际目的为衡量标准。

# 口语交际的艺术形式——讲故事

讲故事，是中国民间非常流行的一种艺术形式。从广义上说，小说、诗歌、戏剧、电影、电视、评书等都是在讲述故事，都是以各自不同的叙述形式进行讲述，以达到启迪、传承和教育人们的目的。从狭义上说，讲故事就是一种专门的艺术，评书、评弹、快板书、说唱等都是讲故事的艺术形式。短的故事，几分钟就可以讲完；而长的故事，分章分节可以讲上几天甚至几个月。讲故事的可以是专业的演员，更多的则是普通人。民间讲故事，几乎不需要专门的演员和场所，三五人围坐起来，把自己知道的一些现实或虚构的情节讲出来，分享给大家，这就是讲故事。故事的内容，可以是奇闻逸事，可以是民间的传说，可以是家族的繁衍，可以是古老的历史。在没有文字记载的时代，部族历史就是靠着讲故事的方式一代代传承下来的。讲故事承担了记述和传承民族和部族历史的重大任务。即使到了有文字记载的时代，由于文字普及的现实和其他各种原因，许多家族和宗族的历史还是通过讲故事的形式传承下去的。讲故事这种形式之所以延绵千年而兴盛不绝，其魅力就在于：

### 情节曲折，生动感人

讲故事需要曲折的故事情节、起伏跌宕的主人公命运、大开大合的人生经历，这样才能吸引人去听。所以，许多故事里的主人公人生经历丰富，如翻转历史的著名人物，而人们通过故事就可以知晓相关历史。如《三国演义》《封神演义》等故事里的主人公，都是历史上的著名人物。他们大起大落的人生经历，经过口耳相传，就演绎成了传奇和故事。如刘备、关羽、张飞、诸葛亮、曹操、赵云等人物就是通过《三国演义》让人们知晓的，而他们的传奇故事也流传了下来。

### 蕴含哲理，育人无形

人们讲故事的目的是什么？除了娱乐和审美，还有一个目的就是教育人。通过讲故事，人们可以学习知识，在无形中得到启迪。故事里有不同的人物，有不同的事件；主人公做着不同的事情，说着不同的话语。这些人物的言行对后人都有着现实的教育意义，让后人去思考。如阿凡提的故事就是通过讲述聪明的阿凡提捉弄蠢笨的巴依老爷，显示了劳动人民的智慧，控诉了地主剥削农民的旧社会，让人们在诙谐的笑声中受到了教育。听故事的人也通过阿凡提的故事悟出了很多人生哲理，辨别出了生活中的一些“悖理”趣事。《阿诗玛》《天仙配》《牛郎织女》《梁山伯与祝英台》，描写的是青年男女悲壮揪心的爱情，故事里既有恋爱初期的甜蜜，也有恋爱期间的悲伤。这些故事告诉人们生活的艰辛和爱情的珍贵。这些故事情节感人，所蕴含的生活哲理发人深省。

### 人物事迹，鞭策人心

讲故事还具有激发人们奋进的作用。许多故事里的主人公“富贵不能淫，贫贱不能移，威武不能屈”的精神及英勇事迹无不感染着人，鞭策着人。如《岳飞传》《杨家将》《穆桂英挂帅》《花木兰》等，这一系列故事中的主人公无不闪耀着强烈的爱国主义光辉，鼓舞着一代又一代人，激发着人们的爱国热情。而今天共和国国家勋章和国家荣誉称号获得者钟南山、袁隆平、于敏、黄旭华、屠呦呦、孙家栋、张富清、申纪兰，他们的事迹也都在激励着人们去奋发、去努力。

## 浅显易懂，举重若轻

古人对一些大道理和社会进步的话题较少直接论述，而是通过讲简单的故事，以简驭繁，以小见大，以生活喻社会，让普通人理解、明白。对现代人来说，尽管社会进步了，但他们对一些抽象的道理并不感兴趣。通过讲故事的方式，就可以让这些抽象的道理浅显易懂，让人豁然开朗。如1945 年 6 月 11 日，毛主席在党的第七次代表大会闭幕式上作了讲话，深刻阐明了共产党人的意志品质，也诠释了共产党的力量源泉，堪称马克思主义经典。毛主席在讲话中借用了愚公移山的故事：

> 中国古代有个寓言，叫作“愚公移山”。说的是古代有一位老人，住在华北，名叫北山愚公。他的家门南面有两座大山挡住他家的出路，一座叫作太行山，一座叫作王屋山。愚公下决心率领他的儿子们要用锄头挖去这两座大山。有个老头子名叫智叟的看了发笑，说你们这样干未免太愚蠢了，你们父子数人要挖掉这样两座大山是完全不可能的。愚公回答说：我死了以后有我的儿子，儿子死了，又有孙子，子子孙孙是没有穷尽的。这两座山虽然很高，却是不会再增高了，挖一点就会少一点，为什么挖不平呢？愚公批驳了智叟的错误思想，毫不动摇，每天挖山不止。这件事感动了上帝，他就派了两个神仙下凡，把两座山背走了。现在也有两座压在中国人民头上的大山，一座叫作帝国主义，一座叫作封建主义。中国共产党早就下了决心，要挖掉这两座山。我们一定要坚持下去，一定要不断

> 地工作，我们也会感动上帝的。这个上帝不是别人，就是全中国的人民大众。全国人民大众一齐起来和我们一道挖这两座山，有什么挖不平呢？①

在这里，毛主席巧妙地把中国共产党比作“愚公”，把“太行”“王屋”二山比作“帝国主义”“封建主义”，把那些对中国革命有怀疑的人比作“智叟”，把全国人民比作“上帝”。用《愚公移山》的故事把比较复杂的革命道理讲得简单明了、通俗易懂，以简驭繁，举重若轻。这充分显示了讲故事的神奇魅力。

---

① 转引自求是网，详见 http://www.qstheory.cn/books/2019-07/31/c_1119479227_26.htm。有改动。

# 讲故事的魅力

古代，在大众教育不甚发达的年代，讲故事就是民间百姓教育下一代的主要方式。老人们总是用一个又一个故事，去讲述部族、家族的历史，讲述家风家德，讲述做人的行为准则；用故事向下一代阐述做人做事的准则，并用故事感染下一代，用故事传承历史，达到学习教育的目的。到了今天，在教育非常发达的现在，父母对下一代幼童的教育也是从讲故事开始的，孩子们伴随着父母口中的故事逐渐长大。父母口中的故事，就是孩子的行为标准。很多故事，如《孔融让梨》《司马光砸缸》《一根筷子易折断》《上甘岭的故事》《为了六十一个阶级弟兄》，传承了一代又一代人，激发着一代又一代人的正能量。现在的小说、叙事诗、电影、电视剧、各类戏曲等都是讲故事这种形式的艺术延伸，都是在利用各种艺术化的手段不断讲述故事。

讲故事是文学的发端。《诗经》里有“风”“雅”“颂”，“风”里就有很多民间的故事。如《氓》《关雎》《七月》《伐檀》讲述的是普通百姓的爱情和日常生活故事，“雅”里的《生民》《公刘》《绵》讲述的是周朝的历史传说。《山海经》就是一部富于中国神话传说的最古老的故事书，里面包括《夸父逐日》《精卫填海》《大禹治水》等不少脍炙人口的远古神话和寓言故事。《梁山伯与祝英台》《孟姜女哭长城》《牛郎与织女》《白蛇传》并称为中国汉族的四大民间故事。还有藏族民间说唱体长篇英雄史诗《格萨尔》、蒙古族英雄史诗《江格尔》和柯尔克孜族传记性史诗《玛纳斯》，这三部并称为中国少数民族的三大英雄史诗。《阿诗玛》《鹿回头》《刘三姐》并称为中国少数民族的三大爱情传说。这无数个传说和故事，传承着民族历史、民族文化，不断对全国各族人民进行着各种伦理道德教育和爱国主义教育。

故事有多种分类，其中最简单的就是幼儿故事和成人故事。幼儿故事多是用动画的形式来呈现的，内容多是做人的最简单的道理。成人故事涉及内容较多，既有部族的传承，也有历史的传说；既有生活的哲理，也有人生的感悟；既有知识的普及，也有生活的道理。讲故事是最接地气、最简单和最易被人接受的交际方式。

## 讲故事是一种宣传手段

讲故事，也是一种宣传手段。历朝历代，都在用讲故事的方式宣传时代的价值观和人生观。用一个个具体的故事讲述为了信仰而牺牲的英雄的故事，能深深地感染人、鼓舞人。中国国防大学教授金一南在演讲时就讲述了抗日英雄杨靖宇的故事：

东北抗日联军将领杨靖宇，第一路军总司令，抵抗到最后剩自己一个人。日本人对杨靖宇特别佩服。杨靖宇一米八几的大个，身高腿长。东北大雪天，雪地很深，日本人形容杨靖宇像个大鸵鸟，在雪地上一蹦一蹦几下就没影了。日本人个矮腿短，雪深没膝，怎么跑也追不上他，抓不到他，就特别佩服他，甚至把他神化了。但杨靖宇身边出了一个又一个叛徒，最终置杨靖宇于绝境。1940 年 2 月 23 日，东北抗日联军第一路军总指挥杨靖宇率少数战士同日军连

> 番激战，由于叛徒出卖，在断粮5天的情况下靠吃草根、树皮和棉絮血战到最后一息，壮烈牺牲。在牺牲之前，杨靖宇说:“老乡，我们中国人都投降了，还有中国吗?”这句话真是震人心魄。冰天雪地之中，四面合围之下，杨靖宇用周身沸腾的血性和整个生命，极大地表现出中国人惊天地、泣鬼神的人性。今天之所以还能有中国，就因为有杨靖宇这样的共产党人，在最黑暗、最困难、最无助、大多数人万念俱灰的时候，仍然在用他们的灵魂，用他们的血性，支撑着中华民族的脊梁。①

“什么叫人性？什么叫完整的人性？看看共产党人杨靖宇。如果中国人没有这种由血性养育和浇灌的人性，怎么可能自立于世界民族之林?”这句话真是震人心魄。金一南将军没有空洞地去解释观点，而是用杨靖宇的故事最好地诠释了中国共产党党员用生命去追求的共产主义信仰，用生命诠释了中华民族的脊梁。故事感人至深，说服力很强。

## 讲故事形式简单，普及程度很高

讲故事，口耳相传，人人都可以讲述，形式简单，普及程度很高。讲故事不分男女老少、长幼尊卑，大家都可以是讲故事的主角。讲故事不需要场合，田间地头、工厂车间，或坐或卧，或忙或闲，或酒席之间，或床头斜倚，都可以讲故事。讲故事不需要任何道具，“赤手空拳”即可。

故事讲得让人惦记，让人欲罢不能，大家就开始花钱去买故事听，就演绎出了专门讲故事的艺人。评书、坠子、快板、三弦儿等就成了专门讲故事的艺术形式。这些故事情节曲折，引人回味，能够让听众流连忘返。讲故事的人每每到了故事的高潮，到了故事的紧急关头，就会戛然而止，

---

① 金一南:《军人的灵魂与血性》,《解放军报》, 2015-05-18。

以便给人回味的余地，让人思考；当然也让听得正入神的人们急得抓耳挠腮，一天都不能放下，第二天又早早来到“书场”，继续听后面的情节。这就是“且听下回分解”的魅力。一般讲述的内容极为广泛，包罗万象，只要是人们能想到的，就可以纳入故事。生活段子、小道消息、奇闻逸事，都可以作为讲述的内容。

讲故事发展到互联网时代，不仅内容更加丰富多彩，而且形式更加多种多样，听众也变多了。今天的故事不仅可以通过广播、收音机等形式传送，通过小说、杂志、报纸等传送，还可以通过电影、电视剧等综合传送。讲故事无疑是一种生命力非常旺盛、随时代而不断发展变化的艺术形式。

## 窗口单位公共关系的大忌——彬彬有礼掩盖下的冷漠

心爱的车子碰到了小区内的活动垃圾箱，前保险杠蹭掉了约一寸长的漆面，看上去有一点不美观，但也不影响什么。我打算告知一下保险公司，准备等以后需要修车的时候一起修。接线员估计是一个刚出道的小姑娘，虽然也有“为你服务”等一套用语，但总感觉语气毫无亲切感、冷冰冰的，一副公事公办、居高临下的样子，像审问犯人一样询问了一番事情的来龙去脉，并给我出了一个两难选择，要么找交警报案，要么还原现场。我自己在社区剐蹭了这么一丁点，又不是在大街上，交警会亲自到小区来处理吗？何况这么丁点大的事情，我也不好意思让工作繁忙的交警来。头天晚上下着雨，我着急停车，蹭到了垃圾箱，为了不影响别人，我移动了车，而垃圾箱第二天一早又被社区工人拉走了，送回来的也不是原来的垃圾箱，我怎么还原现场呢？又怎么找回原来的痕迹呢？我把自己的为难之处告诉了接线员，这位接线员就说：“该怎么做是你的自由。”接着又给我讲起了法律条文。这一下我生气了。和她理论了几句，接线员小姐倒是没有发脾气，但总是一副冷冰冰的、事不关己的态度，让我感觉很不舒服，后来我以投诉做了了结。

我投诉这个接线员，不是说她不讲理，而是她待人接物的语气让人接受不了。应该说她讲的话是有道理的，也都站得住脚，但她说话的口气和选择的用语让人受不了。她那事不关己的态度和冷漠的、审判的口气把一切道理都给冲淡了，沟通背后明显地透露出了漠不关心、麻木的意味，令我有一种被人羞辱的感觉。尽管她一直耐着性子和我说话，尽管她没有说过分的话，但居高临下、冰冷的态度让人难以接受。我的感觉是我花将近四千元找的保险公司不是来给我帮忙的，而是来教训我的，感觉到的是被瞧不起、被愚弄。应该说，这个接线员激怒我的地方不是她讲的道理，而是透过口气传达给我的态度，或者说是在看似"彬彬有礼"的态度之下掩藏的神态和傲慢刺痛了我的神经。这是一种表面上彬彬有礼的处事态度，明显对客户不尊重。

从交际学的角度来说，心爱的车子被剐擦了，心里已经很不舒服了，我给保险公司打电话，就是为了寻求帮助，看看怎么处理这件事情。这时接线员应该是在不违背公司利益的前提下尽量站在客户的角度进行解释说明，告知我应该怎么做，怎么处理这种事情最好；应该是站在我的立场出发，让我感到你在帮助我，而不是一个冷漠的旁观者。这位接线员选择的处理方式显然不对。

从公关语言学的角度来说，接线员这时选择的口气应该是柔和的，语调应该是亲切的。来报案的人都是比较焦虑的，柔和的声音和亲切的口吻可以打消或减少对方的焦虑和无奈，缓解对方的情绪，从而较顺利地完成交际。整个交际过程中也应注意多用谦辞和商量的口气，如："不好意思""请您再复述一遍""您看我说的有没有道理""您看这样行吗"等等。这样的话语谦恭，没有攻击性，更容易让对方接受。交流中避免使用反问，多用选择问句，用商量的口气来完成交流是最佳选择。接线员以朋友的身份处理问题是最好的，以参谋者的身份出现是最得体的。让客户满意就等于是在树立和宣传自己良好的形象，就是在提高自己的业务量。

根据讲话的态度和口吻进行划分，可以大体将人们讲话的方式分为三种：亲切式、中性式、严厉式。最适合公共关系工作的说话方式显然是亲切式。亲切式交谈可以缓和人际关系，拉近人与人之间的距离，增强人与人之间的感情，赢得人们的好感。严厉式是在据理力争的场合中使用的，其最明显的特征就是摆事实、讲道理，多引用条例、规范和法律，相比之下，它是不讲情面的，不会顾及对方的心理感受。这种严厉并不仅指说话的语调，还有说话的内容。一般在公共关系工作中不能使用这种讲话方式。中性式是介于二者之间的一种方式，它的主要特征就是公事公办，缺乏亲切感和亲和力，显然，中性式口吻也不适用于公共关系。在和我的交谈中，接线员显然用错了方式，没有亲切式，一开始就是中性式，居高临下、毫不客气地询问，最后演变成了严厉式，数次提起法律条文，从而大大拉开了和客户的感情距离，挤压了和客户的感情缓冲地带，引起了一个小小的公关危机。接线员显然没有充分认识到窗口单位语言选择和使用的重要性。

从现代公共关系来说，提高组织形象，树立组织品牌，已不仅仅是公共关系人员的职责，而是组织成员的共同责任。任何一名和组织有关的人员都应该具有这种公共关系意识，都应该为维护组织形象而努力。每个员工的言行都和组织形象的传播有着千丝万缕的联系，任何一名和组织有关的员工出现的失误都会极大地破坏组织形象，给组织带来有形和无形的损失。现代公共关系告诉我们，窗口单位那种仅仅停留在不和客户吵架斗嘴的工作方式已经过时了，要想拉住客户，让客户满意，就必须在“情”字上下功夫，发挥好窗口的桥梁作用。和客户打交道时，就是要通过言谈举止、通过语气，让客户感觉到你是在为他着想，你是站在他的立场上来进行交际的，让客户对你产生亲近感，进而促成问题的解决。接线员处于代表组织与客户直接交际的第一线，其语言的使用效果直接影响着组织形象，也间接反映着组织管理水平的高低。在前述事件中，接线员没有意识到她自己肩负着维护公司形象、维护公司客户的责任，更没有意识到她的口气、她的言语中透露出的冷漠和高傲会把人吓跑。

从逻辑学的角度来讲，二难推理是一种无奈的推理，因为给出的两个答案都是你不希望看到的，你总希望有第三种情况出现。虽然最后选择了其中一个答案，但那是一个十分无奈的选择，并不是自愿选择。二难推理多在反驳、诘难时使用。在论辩的场合，要用气势、语调来压倒对方时，二难推理是一个很不错的选择。但这名接线员在和我交流时给出了一个二难推理，让我做选择，还多次说：“这是你的自由。”其实这名接线员完全可以换一种说法来表达，尽管内容相同，但达到的效果肯定会不一样。因为二难推理是反问，而反问是为了加重语气、增强气势，置对方于难堪和无法反驳的境地，这种反问是将对方作为“敌人”来针对的。

可以说，这种彬彬有礼的冷漠表达出的是蔑视对方的态度，是不屑和人一般见识的心理反应，所以很容易让人不服气，很容易激起人的“斗志”。这种态度不是真正意义上的彬彬有礼，尽管没有明说，但语气、眼神、面部表情等已经把瞧不起人的态度淋漓尽致地表现出来了，这有时比直接的话语更伤人。

这种彬彬有礼掩盖下的冷漠是现代公共关系的大敌，是服务和窗口单位必须要克服的弊病，因为这样很容易失去潜在客户，给组织造成逆意客户，而致组织于公关危机中。

# 请学会微笑着说话

我谈的是一件真实的事情，事情已经过去一段时间了。

2008 年一个春暖花开的日子，我的两位朋友来杭州，和我碰头商量一些事情。作为东道主，我想带他们去位于西湖杨公堤旁边的一个宾馆小住，一来商量工作，二来感受一下西湖那无尽的魅力。那里的环境不用说，景色优美，气候宜人，就连宾馆建筑都很有特色，内饰也很好，格调高雅，温馨可人。但前台小姐先生们那一张张漂亮的脸上毫无表情，满是冷漠，说话也过于简练，鲜有“请”“不好意思”“谢谢”等字眼。为了安排住宿，我向一名年轻的先生询问了一个很小的问题，我问了三遍，那名年轻的先生好像没有听见一样，继续手头的工作，愣是没有回答我的问题，也没有任何歉意，非常坦然的样子。我从他的表情中读出的画外音就是：你真没眼色，没有看见我正在忙吗？我就是不回答你的问题，看你怎么着？最后，我忍不住说了一句：你们不能学着笑一下吗？你就不能随口回答一下我的问题吗？我带来的可是国内著名的公共关系专家！后来为了避免纠纷，一名小姐接替了那名年轻先生手中的活儿，继续给我们一行人办手续，尽管这名小姐话多了，但还是缺少应有的微笑，给人的感觉仍然是冷冰冰的。

虽然我们已经交了每间一千二百元的费用，虽然房间设施也很好，但最后还是退掉了。因为我们很不喜欢那种彬彬有礼下的冷漠，不喜欢那种表情冷漠的服务人员。

当晚，我和两位专家聊天说到了这个问题。两位专家就问我：这么好的城市，这么好的设施，为什么接待人员不会礼貌地笑一下呢？我告诉他们，杭州风景确实很美，杭州人也很美，杭州市是一座不可多得的美丽城市，但杭州一些宾馆的接待人员就是不太会笑，初来乍到的人对这一点更是印象深刻。这确实是一个值得深思的问题。

微笑的魅力是巨大的。微笑的潜台词就是：欢迎你，尊贵的客人；敬重你，远方的来宾。微笑是对人友好的表现，微笑是形象力，它展示的是一个人的美好心灵，反映的是一个组织、一个窗口单位良好的内部管理。不会微笑的潜台词就是：不太欢迎你，有点瞧不起你。这是待人冷漠的最直接的表现。尽管酒店的设施都很好，尽管周边的风景很美，但如果接待人员没有恰到好处的微笑，个个板着面孔、一副冷冷的样子，那表明其内部管理和服务工作还不算太到位，反映出这个窗口单位对公共关系的理解还没有到位。

微笑要发自内心，不能强装。人们的微笑有很多种，如发自内心的微笑、皮笑肉不笑、苦笑、冷笑、含情脉脉的笑、引人深思的笑、耐人寻味的笑、妖冶的笑、献媚的笑、无奈的笑等。而发自内心的微笑无疑是最好的，它传达的意思最让人舒服、最让人感动、最容易令人接受，是尊重人的最好表现。它既不是献媚，也不是高傲冷漠，而是表达了对客户、对来宾的欢迎态度。一个微笑，可以让人心情舒畅，可以给人春风拂面的感觉，可以赶走人的很多不快和不舒服，让人有一种宾至如归的感觉。

自然的微笑是无价的，是人们心灵美的最直接的反映。和素昧平生的人打交道，展示自己的美丽和善良，恰如其分地表现自己的热情友好，最好的方式就是发自内心的微笑。它有时比语言表达还要贴切，甚至能表达出语言无法描述的内容。

微笑可以化解矛盾。当出现某些尴尬或一些小冲突时，你的微笑可以让对方瞬间就理解你、原谅你，你的微笑就是主动和解的表示，就是寻求对方原谅的最恰当的方式，可谓“相逢一笑泯恩仇”。这时微笑是矛盾的化解剂。当对方出现小的失误时，他对你微笑就是在表达歉意，这个微笑会让你的不舒服很快消失，你也许会想：谁不会有过失呢？人家都已经向自己微笑了，算是道歉了，抬抬手算了。这时微笑是理解的良方。

人们不喜欢强装出来的微笑，那是虚假的、无奈的，让人看了反而不舒服。面无表情给人一种高高在上的冷漠感，会让人误读出不欢迎的意思，给人一种压抑和不舒服的感觉。所以，精通公共关系的管理者，都会把微笑作为对员工日常工作的基本要求。窗口单位和接待单位的员工学会微笑是十分重要的。

# 说话要切合自己的身份和时空环境

公关语言学有一个说话要得体的原则。所谓得体，《现代汉语词典》（第7版）解释为“（言语、行动等）得当；恰当；恰如其分”。语言学家说，语言得体，“就是语言材料对语言环境的适应程度”[①]。所谓得体原则，就是在交际中使用的语言必须合乎交际情境，即语境，包括主观语境和客观语境。要使交际语言得体，说话就要适时、适情、适势、恰当，要符合当时自己的身份。通过语言进行信息传递、情感交流，离不开一定的时间、地点和情境，要使这种传递活动获得好的效果，语言运用不仅要符合特定的时代背景和当时当地的具体情景，还要恰当地利用说话时机，把握时间因素，力求切情切景、入旨入理。

公关语言学中“得体原则”的第一点就是提醒自己注意身份。何谓身份？就是在不同的场合下，当事人所要扮演的不同角色。所谓得体，就是要以最贴切的身份扮演好自己当时的角色。每个人都同时拥有不同的身份。

---

① 王希杰：《修辞学通论》，南京大学出版社 1991 年版，第 103 页。

一个男人，在妻子面前是丈夫，在孩子面前是父亲，在父母面前是儿子，在领导面前是下属，在下属面前是领导，到了商店就是顾客，上了火车就是乘客。在不同的场合，要随时提醒自己不要忘记自己此时此地的身份，根据不同的场合转换身份，不能用错身份。

从公关语言学的角度来看，人们说话交际要注意时空环境，不但要注意说话时的宏观环境，还要注意说话时的微观环境。宏观环境主要是指和谐的社会政治氛围、团结友爱的社会风气、群体间亲密融洽的氛围等。微观环境就是指说话者当时当地的氛围。微观环境的特点之一就是环境随时转换。无论在何时何地，人们都处于一种微观环境中。在不同的微观环境中，人们的交际效果就不同，人们说话的角度、口气、音调、用词就不能一样。例如，有些人在家里同家人说话时，就比较流利、自然；而在陌生的环境里，就无所适从。有些人站在讲台下侃侃而谈，一旦上了讲台，站在众人面前，就不知该说什么了。这种环境，由于说话人感到陌生，本能地产生了心理障碍，其思路就一下子被打断，导致不敢说或不会说，甚至出现想好的话也会被忘掉的情况。微观环境有正效应，也会产生负效应，因人因时而异。

二十几年前，我的导师、暨南大学语言学家黎运汉先生曾教导我们，说话要注意题旨、意境。这句话的其中一个意思就是要根据自己的身份说出合适的话。当时，我不觉得老师的话有什么特别，直到今天，才真正琢磨出老师的话的意味。

# 首因效应——语言交际第一印象的出发点

小王是个快乐阳光的北方男孩，帅气大方；小李是个江南姑娘，活泼可爱。两人来自不同的大学，但专业相同，年龄相近。半年前两人一同进入一所中学任教，分在同一个教研室，又在同一个办公室，尽管办公桌有点远，但天天会见面，毕竟还住在宿舍楼的同一层。但小王总感觉小李始终和自己保持着距离。小李是一个活泼的姑娘，对别人总是有说有笑的，尤其是她带有吴侬软语的普通话，让小王很着迷，但小李对小王总是一本正经，除了谈工作就没有更多的话了。小王对小李的印象很好，总想去接近小李，但每每都不成功。小王就很纳闷，不知道自己怎么得罪小李了。有一次春节，单位团拜会结束后，小王和小李一起回宿舍，小王鼓起勇气问小李原因，小李才道出了事情的原委。原来在入校考试的那次笔试考场上，小王来得有点晚，比较着急，身体碰到了别人考试的桌子，文具掉了一地，当时小王没有回身，也没有道歉。尽管对方没有说什么，但小李看在眼里，记在心里，认为小王不懂礼貌，连一句道歉的话语都没有，所以对小王的印象很不好。知道了事情的原委，小王开始改变自己，学着帮助别人，并正式开始追求小李。慢慢地，小李改变了对小王的印象，两人最终成了恋人。

小李和小王的交往，是很典型的心理印象转换过程。

人与人交往，总会形成一定的印象，总会得到一种看法，如某人不错、某人比较能干、某人心眼太多等，这就是印象。人们在语言交际中的印象有时是对等的。你对别人形成印象时，别人也会对你形成印象。印象有时是不对称的，你对某人的印象好，而某人对你的印象也许不好；或者你对某人的印象不好，而某人对你的印象好，这时的印象就是不对称的。你对某人的印象好，某人对你的印象也好；你对某人印象不好，某人对你的印象也不好，这时双方的印象是对称的。小王和小李相互形成的印象，具有明显的不对称性。

由于生活经历、个人气质、处世态度、文化层次、民族心理及性格的不同，人们对同样的表现往往会形成不同的印象。如某人喜欢说话，善于言谈，甲对其印象可能是健谈善言，有好感；乙对其印象可能是耍贫嘴，反感。又如某人不善言谈，甲对其印象可能是忠厚老实，乙对其印象可能就是“榆木疙瘩”。“事实”只有一个，而印象可能是“一大堆”。

人与人之间进行语言交际时，印象是很重要的，如果印象好，彼此就会主动些，话就会多些。心理学研究显示，如果同自己印象较好的人接触，心理上就会兴奋一些，交际的距离就会近一些，交际的效果就会好一些，交际的方式就会随意一些，交际时间就会延长，对交际的时空环境要求就不太高。反之，如果对某人的印象不好，无形中就会带有成见，产生心理抵触，这时话就会说得少些，言谈就被动些，其交际距离就会远一些，交际时间也会尽量缩短，对交际的时空环境要求就会高，从而影响到语言交际的正常进行。

在人际交往中，第一印象的影响最大。所谓第一印象，是指在语言交际时给对方留下的最初印象，包括容貌、服饰、言谈、举止等，也包括一些说不清的感觉。心理学上把第一印象在人际交往中的作用称为“首因效应”。首因效应既可以帮助人们积极交往，又可以让人产生误解，延宕阻隔人们的交往。人是复杂的，有些人有美好的外表、绅士的风度、优雅的举止、得体的言谈，但可能“金玉其外、败絮其中”。有些人长相一般、言语木讷，但可能是一个心灵手巧的人。人们的第一印象往往会被表面所迷惑，形成不好的印象。第一印象往往是以后交际的基础，第一印象好，人们就会有再见面的愿望，这就给以后的交往打下了良好的基础。“相见恨晚”“一见钟情”“一见如故”等都是良好的第一印象的写照。第一印象不好，心理上会产生或多或少的厌恶感，就会给今后的交往造成一些阻碍，甚至会中断交往。小李在很长一段时间里不喜欢和小王接触，正是因为对小王的第一印象不太好，首因效应起了作用，这不太好的首因效应最初让小李在和小王的交往中形成了的障碍。

第一印象是人们的感性认识，它只是根据表象如外表、风度、谈吐等形成的，还不能深入本质，所以往往有认识偏颇的可能。人们经过进一步的交往和长时间的观察，从本质上了解了某一个人，才会慢慢清除首因效应，从而得到正确的印象，这就是心理学上所说的近因效应。近因效应是通过较长时间的交往后得到的印象，所以近因效应一旦形成，就会形成对人的最终印象，从而决定彼此是否交往，决定彼此交际的方式和距离。小李最终接受了小王的追求，很大程度上是因为近因效应起了作用。经过观察，小李认识到小王并不是一个不懂礼貌的人，发现自己过去对小王的印象有偏差。

首因效应和近因效应不是根本对立的，而是相互联系的。人们在语言交际中，第一印象很重要，最后的或最近的印象也很重要。一般来说，在与陌生人的交际中，首因效应比较明显，在与熟人的交际中，近因效应比较明显。

懂得了这些道理，那么，在语言交际中，就要注意给对方留下较好的印象；同时要善于利用第一印象，进一步了解对方的本质，排除各种心理障碍，使交际顺利进行。当然，也不要被第一印象所迷惑，要长时间了解一个人，从而形成正确的认识。

# 语言环境——影响语言交际的时空因素

从语言交际上说，人都是在一定的场合下说话的。在不同的场合，人们的心理状态、心理准备不一样，人们的思维进程就会不一样，说出的话肯定也不一样。语言学把人们说话的场合叫作语言环境，简称语境。语言环境有广义和狭义两种，广义的语言环境包括说话时的社会环境、自然环境等，狭义的语言环境主要指说话时的场合。如果说印象因素从时间上揭示了语言交际时心理障碍形成的原因，那么环境因素就是从空间上揭示了语言交际时心理障碍形成的原因。

社会环境对人们交际心理的影响是很大的。一般来说，良好的社会环境对语言交际有着积极的协调作用，而恶劣的社会环境会加深人们的沟通障碍，严重影响人们正常的语言交际。不同的社会环境有不同的词汇，不同的词汇又会构成不一样的语言风格，从而就有了特定时代的语言风格。一个时代有一个时代的思想，也就有了一个时代的语言环境，人们是不可能跨越时代而形成另外的思想和语言风格的。

社会环境有宏观和微观之分。宏观的社会环境主要指整个社会“大气候”，包括社会的政治环境、民族文化、民族风俗、民族历史、民族习惯及道德风尚等。微观的社会环境仅指说话者所处的场合及氛围等。

宏观社会环境对人们交际时的心理影响主要表现在：宽松的政治氛围、团结友爱的社会风气、群体间亲密融洽的氛围，有利于语言交际时心理障碍的消除。例如，在一个团结互助、志同道合、关系融洽的单位里，人们说话就比较随意、自然，人与人之间就容易相处。这是一种良好的语言交际环境。反之，人与人之间的接触就会小心翼翼，恶劣的社会环境无形中就给人们在语言交际时造成了心理障碍。

当然，某些特殊的社会环境也可以使人与人互相接近，形成良好的语言交际环境。例如，当双方同处于有危险的社会环境时，为了共同应对危险，双方原有的矛盾会淡化，双方会主动地商量对策。

微观环境对人们交际时的心理影响更是显而易见的。微观环境和人的语言交际息息相关。人们无论在何时何地，都处于一种微观环境中。在不同的微观环境中，人们交际的效果肯定不同。微观环境对人的语言交际的影响最大，也最直接。

自然环境对语言交际也有一定的影响。一般来说，优美和谐的自然环境有助于语言交际的正常进行。如青年男女在恋爱时，总喜欢选择花前月下；人们跳舞时，总喜欢把舞厅布置得彩灯熠熠；咖啡馆总是把灯光设置得很柔和，放一些轻松的音乐；军营里军人在训练的时候，总是唱一些雄赳赳、气昂昂的歌曲；大人在哄孩子入睡时，总喜欢唱一些软绵绵的摇篮曲。这是因为良好的环境能帮助人们调整心态，有助于人们放松，使人们没有压迫感，从而减少心理障碍，顺利进行交际。当然，自然环境不理想会直接阻碍人们的语言交际。例如，一对年轻人正在谈情说爱，突然来了一群人，在旁边大声吵闹，这种情形肯定会给这对青年男女带来心理障碍，使本来想说的话也不想说了。

自然环境会影响人们的一些语言交际习惯。比如说，空间场合比较大，人们就喜欢大声说话，尽管有些场合不适宜大声说话。自然环境对语言的影响还表现在方言上。方言是全民共同语在不同区域的反映，是在不同的自然区域中形成的。在不同的自然环境中长大的人，说的是各自的方言。

方言本身就具有不同的风格。例如北京方言抑扬顿挫、高低升降分明，听起来敞亮；东北话开口度最大，声音洪亮，有阳刚之气；吴越方言开口度较小，齐齿呼和撮口呼发音较多，话音软绵绵的；粤方言、闽方言和客家方言是保留古语最多的方言，这三种方言的元音比北京话多，音调调类也多，入声也多，听起来就特别费劲。

## 语言是攻辩双方的利器——人必须学会说话

语言是什么？语言是人类最重要的交际工具。既然是工具，我们就有必要让工具更顺手，让工具成为我们日常工作、生活时不可或缺的拐杖和利器。掌握好这个工具，实际上就是不断提高、锻炼我们的说话能力，提高我们的交际能力。一个政治家、一个地方的领导人、一个企事业单位的领导都必须善于说话，都要有把问题说明白、把道理讲清楚的能力。

其实每个人在日常的工作和生活中，都存在说话的问题。会说话的人，意思表达得贴切，话说得得体，交际效果比较好，人与人之间的关系就融洽。如果话说得不得体，那交际效果不会好。为了提高交际能力，我们必须学会说话。

中华人民共和国成立后，一名美国记者在采访周总理的过程中，无意中看到总理桌子上有一支美国产的派克钢笔。那记者便以几分讥讽的口吻问道:“请问总理阁下，你们堂堂的中国人，为什么还要用我们美国产的钢笔呢?”周总理听后，不动声色，风趣地说:“谈起这支钢笔，说来话长，这是一位朝鲜朋友的抗美战利品，作为礼物赠送给我的。我无功不受禄，就拒收。朝鲜朋友说，留下作个纪念吧。我觉得有意义，就留下了这支贵国的钢笔。”美国记者一听，顿时哑口无言。

良好的语言是战斗冲锋时的嘹亮号角，是田间地头、工地上最好的宣传喇叭，是捍卫真理的最犀利的工具，是雄辩时最锋利的制胜利器，还是谈判桌上讨价还价的最好帮手。良好的语言沟通能力，已经成为现代人工作的需要，也是公共关系工作的基本要求。

# 公共关系和语言艺术的完美的体现者——外交语言

在工作中，我们每天都要说很多的话，这些话语对于我们准确地表达自己的观点、交流彼此的思想起到了很大的作用。在工作场合，我们不但要能说话，还要善于说话，不能不分场合和时机、不能不分交际对象随便表达自己的观点。因此针对不同的交际对象，巧妙地运用一些语言表达方法，是我们日常工作中不可忽视的。

在公共关系和语言艺术两者结合使用方面，新闻发言人可以说是“集大成者”。新闻发言人在发言时，既要注意不失国格国礼、待人有度，又要充分表达国家和政府机关的意志；既要保持形象，又要阐述问题。可以说，每次的记者招待会就是对政府形象的展示，容不得半点马虎。这要求是非常高的，因为新闻发言人同时在运用公共关系和语言表达两门艺术。新闻发言人不仅是政策的发布者，也是权力机关的代表，他们的每一句话、每一个字，甚至运用的口气、眼神、手势都会被人解读、被人推敲，他们说出的话就是国家或者权力机关的正式回答，因此每一句话、每一个词都要非常讲究，需要精心选择。

外交语言与我们的日常语言是不同的。这是因为：

第一，外交工作的主要对象是国家，国家之间主权平等，应该相互尊重，在语言使用上需更加讲究，用语往往温文尔雅，讲究点到为止，不会让对方过于难堪。如要表达不满意的态度，就有多种词语选择，如“我们注意到”“我们关注”“对此表示遗憾”“深表遗憾”“我们表示不满”“强烈不满”“抗议”“强烈抗议”“最强烈的抗议”等等，不到万不得已，不会使用过激和升级的词语。

第二，国际局势风云变幻，各种情况和可能性都可能存在，一般都会避免把话说绝、说满，都要给自己留有一定的余地，以免被动。一些国家由于其实力和地位，往往会更讲究策略，语言更加含蓄、婉转。所以对其的表态和言语，可以有多种理解，可以进行不同的解读。这样更有利于随机应变，保持灵活性。

第三，双边外交活动或多边谈判的协议或协定往往是双方或多方商定或谈判的结果，这需要用彼此都能接受的语言文字进行表述，一些问题有时难免会“含糊其辞”，各方需要从自己的角度进行诠释，让对方理解。

# 谈谈逆意公众的“蝴蝶效应”

前几年，我买了一台冰箱，外表挺好看，买的时候说会保修3年。也真巧，用了3年2个月，冰箱的压缩机坏了。拉到修理部，工作人员说要换压缩机，由于超过了保修期，需要交400元钱。那没有说的，我立即交了400元钱，3天后，冰箱修好了。没想到，这个新换了的压缩机，9个月以后又不工作了。我再次给修理部打电话，他们拉走了冰箱，这一下，我的冰箱被扔在修理部整整3个月。最初他们说很快给我修好，接着要求我付200元钱才能再换一个新的压缩机。我问:“为什么还要交钱呢？你们之前不是保证新换的压缩机至少可以用一年吗？现在这么快就坏了，总该给我一个理由吧？”他们没有回答。继续推诿。这3个月内，我给修理部、厂家客户部打了无数次的电话，交涉了无数次，其间还过了一个春节。为了让自己的过节食品能存放，我又买了一台冰箱。在折腾了3个月、交涉了无数次以后，新的压缩机总算给装上了。拉回冰箱以后，我感到身心俱疲。我发誓，以后再也不会和这家冰箱厂打交道了。后来修理部的人打电话告诉我，第一次给我换的那个压缩机是从废品店购买的旧压缩机，而收的却是一个崭新的压缩机的钱，后来修理部换老板了，所以就不情愿为我免费换新的了。

原来如此。

后来我一直关注这家冰箱厂的动态，我感觉，就这家冰箱厂的服务态度，在现代公共关系和大力树立企业形象的今天，这家企业肯定活不长。果不其然，过了一段时间，这家冰箱厂被别的企业兼并了。我今天之所以把它讲出来，是希望告诉一些企业和广大公众，我是如何从这家企业的忠诚客户蜕变成逆意客户的。

蝴蝶效应是气象学家洛伦兹于 1963 年提出来的，说的是：一只南美洲亚马孙河流域热带雨林中的蝴蝶，偶尔扇动几下翅膀，可能会在 2 周后在美国得克萨斯州引起一场龙卷风。原因在于：蝴蝶翅膀的运动，导致其身边的空气系统发生变化，产生微弱气流，而微弱气流会使其四周空气或其他系统产生相应的变化，由此产生连锁反应，最终导致其他系统的极大变化。蝴蝶效应说明，事物发展的结果，对初始条件具有极为敏感的依赖性；初始条件的极小偏差，将会引起结果的极大差异。把蝴蝶效应理论引入公共关系学是为了说明：一个坏的微小的机制，如果不及时地引导、调节，就会慢慢地聚集和发酵，最后形成巨大的冲击力，给企业带来非常大的危害；一个好的微小的机制，只要正确指引，经过一段时间的努力，就会产生轰动效应。

从公共关系学的角度来说，企业和公众的关系就是鱼和水的关系，企业离开公众必然无法存活。公众是企业的衣食父母，企业盈利是通过公众购买企业产品实现的。企业的公共关系工作，就是要善待公众，在公众面前树立自己的良好形象，赢得公众的心，让公众相信自己，从而去购买产品，进而发挥蝴蝶效应的正向效应。企业如果不善待公众，公众对企业就有各种怨言，产品的销售就会受到冲击和影响，这就是蝴蝶效应的负面作用。这家冰箱厂显然没有这种意识。

生产型企业要和素不相识的普罗大众搞好关系，因为企业的产品是卖给和企业毫无关系的普通公众的，企业的最大梦想就是能卖出自己所有的产品，并通过产品实现企业利益的最大化。企业要想实现最大的赢利，就必须赢得最多的公众，就必须重视那些走在大街上的普通百姓，因为他们是企业的潜在客户。

公共关系一般把公众划分为忠诚公众、逆意公众和边缘公众 3 类，企业公共关系工作的目标就是争取最多的忠诚公众，尽量减少逆意公众，化解和拉拢边缘公众。企业公共关系良好意味着企业的忠诚公众多，反之则逆意公众多。对企业来说，逆意公众增多是企业走向危险的一个信号，逆意公众对企业的破坏力往往是致命的。逆意公众的蝴蝶效应主要表现在 3 个方面：一是个体的力量也许是微不足道的，但慢慢聚焦起来的逆意公众，其聚合的能量是巨大的；二是每个个体都是一部宣传机器，他们会不断地利用一切机会传播自己对企业的不满，一传十、十传百，这种不满慢慢发酵，最终形成负效应；三是企业在处理一些小事务时往往不想吃亏，没有意识到“纠纷”可能正在不断“制造”逆意公众。

在现实中，企业不会完全知道哪些是逆意公众，不可能了解每一个逆意客户的社会背景及其可能带来的破坏力，况且不积累到一定时期，企业也许不会意识到这些逆意公众可能招致的危险。在逆意公众面前，企业往往打的是遭遇战和无把握之仗，是被动的。一般企业的逆意公众不会太多，但他们中的任何一个都是对企业充满成见的，对企业的挑战多是公开且直白的，对企业形象力的破坏力是不可预见的。所以任何一家企业在处理公共关系时最重要的就是减少逆意公众，把逆意公众的数量降到最低，尽量不制造新的逆意公众，把蝴蝶效应的负面作用降至最低。

要求企业的产品百分之百过硬、从不损坏是不现实的，要求所有客户或公众对企业或产品都满意也是不可能的。当遇到公众利益和企业利益发生矛盾，不可预见其后果时，企业优先考虑的不是“据理以争”，而应是“吃小亏占大便宜”，即给公众或者客户适当赔偿和让步，使客户满意或基本满意。这样表面看是企业吃了亏，但由于让公众或客户满意了，他们不再有怨言，没有成为逆意公众，从而减少了企业不可预见的危害和损失。从这一点上看，企业并没有任何损失，或者说企业赢得的是更大的利益。企业的客户服务部或公共关系部不是对企业产品质量和服务质量的仲裁者，不是企业的宣传部，而是疏导客户情绪、引导公众情感的一个调节部。

争取客户、树立形象，是公共关系的目的。要达到这个目的，就要宣传企业，而宣传企业最有效的办法就是通过自己过硬的产品来争取公众，通过自己的售后服务来感动公众，绝不能轻易破坏这种形象，更不能伤害客户的心。

前文中冰箱厂的失败就在于它没有摆正自己和公众的位置，没有意识到逆意公众的蝴蝶效应可能产生的负面作用。小客户分散开来是微不足道的，并不足以对企业造成威胁，但如果这些小客户不断增多，不断汇聚，就会形成了一股力量，对企业的产品销售和企业形象产生负面影响。前述冰箱厂没有意识到它的质量不高的产品和恶劣的服务态度正在不断聚集和企业抗衡的逆意公众，正在不断地增加自己的“掘墓人”。

# 个性决定语言——从夫妻的交往谈起

老夏和姜丽是一对夫妻。老夏比姜丽大五岁，是一名中层干部。他沉稳持重，性格内向，很少说话，深得领导赏识。姜丽很爱老夏，说老夏是她最信得过的人，靠得最稳的肩膀，无论什么事情，多大的困难，老夏都可以解决。姜丽是一名大学教师，性格外向，开朗活泼，待人热情，单纯可爱，朋友很多。二人性格差异很大，但夫唱妇随，过得很幸福。在很多情况下，是姜丽撒娇"蛮横"，老夏以大哥的身份"俯首帖耳"。其实姜丽知道，他们家的事情都是老夏说了算，没有老夏，姜丽的幸福日子一天也过不成。小姐妹问姜丽：为什么日子过得这么好，有什么秘诀？姜丽的答案就是因为两人性格差异很大，具有很强的互补性。如果两人性格相近，要么都是闷葫芦半天都不说话，要么天天叽叽喳喳吵个不停，那日子就过不好。

老夏和姜丽两人的性格很有代表性。

人的性格又叫个性，是一个人在生活、工作中表现出来的、比较稳定的、带有一定倾向性的个体心理特征的总和，是一个人区别于其他人的独特的精神面貌和心理特征。个性对一个人的工作、生活有直接的影响，对一个人的命运、前途有直接的作用。在日常的人际交往中，我们会发现，有些人的行为举止及谈吐令人难以忘怀，而有些人则很难给别人留下印象。有些人虽只有一面之缘，却给别人留下长久的回忆；而有些人尽管与人长期相处、天天说话，却从未给别人留下印象。出现这种现象就是个性在起作用。一般来说，鲜明的、独特的个性容易给人以深刻的印象，而平淡的个性则很难给人留下印象。

心理学研究表明，不同个性的人对同一现象会产生不同的反应，有不同的处理方式。个性是复杂的，包括个性倾向性和个性心理特征两个方面的内容。个性倾向性主要由人的态度、价值心理和兴趣等构成，个性心理特征主要是由气质、性格等要素构成。

态度是指人们对人或事的看法及其在言行中的表现。价值心理是指人们对作用于他们的客观事物或对于其所参与的活动的价值所进行的心理评估。态度和价值心理一旦形成，便对人的行为起着指导和调节的作用。在语言交际活动中，态度和价值心理的指导调节作用表现在：交际双方的态度和价值心理相悖，会使双方的认识、情感和行为方式等产生不同，对对方的情感和行为方式也会有不同的理解，从而影响双方语言信息的交流。态度和价值心理相似的双方，对人、对事物的看法基本相同，行为方式也大体相似，共同语言就会多一些，在语言交际中很少形成障碍。在相似性因素中，年龄、职业、社会阅历、身份等相似会产生一定的作用。老夏和姜丽二人的性格差异很大，但夫妻二人为人处世的态度和价值心理还是比较相近的，所以共同语言比较多。

兴趣是指人们对某种事物或活动所产生的好感和积极的态度。兴趣作为一种个性倾向，兴趣可以把人们的行为导向某一事物或某一活动。一般来说，在语言交际中，共同的兴趣是语言交际的纽带，可以把人们联系起来，相互沟通理解，产生共鸣。在语言实践中，初次相识的交际双方往往是从共同话题谈起的，以唤起对方的兴趣，引起好感。

按照心理学的解释，每个人的神经类型会赋予其异于他人的精神面貌，这种差异会在心理活动与外部活动中表现出来，从而形成人们的不同气质和性格。不同的气质和性格对语言交际有着明显的影响。一般来说，外向型性格的人比较热情，善于沟通，坦诚大方，但用词往往不太严谨，不太注意小节。内向型性格的人待人处世比较谨慎，言语委婉含蓄，一般不善言谈，特别是在公共场合，显得比较腼腆、拘谨。

心理学中，人们把气质和性格大致分为多血质、胆汁质、黏液质和抑郁质四种。在口语交际中，为了顺利完成交际，对不同气质和性格的人要采用不同的交际方式。

多血质的特点是：活泼好动，反应灵活，行动迅速，办事快；情绪兴奋性高，变化大；外部表现明显，对人热情友好，善于交际，富有感染力，容易适应环境的变化；性子较急，耐心不足，容易出现厌倦和消极情绪；对新鲜事物敏感，理解较快，但认识问题不深刻，容易受暗示影响，意志力较薄弱，注意力不集中；容易见异思迁，说话不着边，显得轻浮不踏实。在语言方面，表现为喜欢说话，滔滔不绝，语言表达力强，善于论辩，但往往用词不准确，喜欢选用时髦词语。和这种性格的人交往相对比较随意，大可不必句句斟酌、囿于小节，多说一些鼓励的话语，坚定其意志。

胆汁质的特点是：兴奋度高，脾气暴躁，情绪热烈，态度坦率，个性爽直；易受感染，心境变化剧烈，容易与人发生冲突；意志坚定，办事果断，做事倾向于一干到底；精力旺盛，认识问题快，但不够准确；情绪不稳定，兴奋时，决心克服一切困难，失落时，一蹶不振。在语言方面，表现为说话语速较快、直白，往往不顾别人的感受，说话没有遮拦。这类人自尊心较强，与其交际就要温和亲切，不要闪烁其词。

黏液质的特点是：心绪平和，善于克制忍让，生活有规律，不为无关的事情分心；埋头苦干，有持久性；不卑不亢，不尚空谈，富于实干精神，不轻易与人发生冲突；但不够灵活，注意力不容易转移，对事物的敏感度不高、缺乏热情；沉默寡言，不善辞令，情绪不外露。在语言方面，表现为用词得当、善于演讲，说服力强，口才较好，善于雄辩。和这类人打交道就要认认真真，不与其兜圈子，“一是一，二是二”。

抑郁质的特点是：稳重深沉，情感体验深刻，善于观察别人观察不到的细节；容易多心，神经过敏，感情脆弱；孤僻、羞怯、腼腆，脾气古怪；缺乏自信心，自卑感强；喜欢沉溺于内心体验中，在困难面前容易优柔寡断。在语言方面，表现为不善言辞，说话甚至唯唯诺诺，不喜欢和人争论，更不会高谈阔论，容易吃亏。这类人感情细腻，但疑心较重，与其交际时就要多谈些乐观有趣的事，选择好词语，不要吞吞吐吐。

其实，除了上述四种气质和性格之外，还有介于其间的各类亚性格，同时，由于一些内在和外在原因，人们的性格也会发生改变，表现出两种不同的状态。例如，一些人本来不太爱说话，性格内向，由于生活的富足和生意场上的历练，慢慢变得善于说话了。

可以看出，前文中老夏的性格具有明显的黏液质特点，他说话不多，但善于思考，心态平和，对事对人看得准。姜丽的性格具有明显的多血质特点，她活泼健谈，但考虑问题往往不周，思考肤浅，犹豫多变，所以关键的时候还需要老夏给她出主意。他们夫妻的和谐与幸福，正是在于夫妻个性上的契合。

# 语言是公关的先行者

“您好，请问，我有什么可以帮助您的吗?”售后服务人员问道。

“我是来投诉的，你们怎么回事?我的洗衣机，已经一个星期了，原来说好三天就可以修好的，可现在还没有修好，都一个星期了，总是推来推去，我要当面问个清楚。”客户有点着急地说着。

“请您不要着急，来，先生，先喝杯茶!菊花茶可以吗?消消气。我这就去给您问一下，保证给您一个满意的答复!您稍等，请您先看看刚到的报纸。”

顾客喝茶等着，售后服务人员不停地打着电话。

几分钟后，售后服务人员过来了，恳切地说道:“您好，您的事情我问清楚了。主要是您的洗衣机里有一个关键部件需要更换，可不巧我们这里的用完了，要紧急从总厂调运过来，零件现在已经在路上了，估计明天就可以到。您看这样行不行，明天零件一到，我们以最快的速度把您的洗衣机修好，给您送到家，免除您的修理费用。”

售后服务人员接着说:“给您造成的不便，我们表示真诚的歉意。您的到来，是对我们服务提出了新要求。再遇到这类问题，我们一定会预先告诉客户，不会给客户造成新麻烦。”

听了这话，客户满意地走了。随后，售后服务部的墙上补上了这样一个规定：在承诺的时间内一定要信守客我双方的承诺，保证修好机器；万一不能修好，一定事先通知客户。

公共关系的基本功能有两个：一是沟通联系，二是塑造形象。这两个基本功能的实现都是靠公共关系工作人员的言行来实现的，而在“言”和“行”中，“言”无疑是最主要的，因为任何事情的交流和完成，80% 以上都是靠语言来实现的。公共关系工作人员的每一步都离不开语言的使用，语言使用的好坏和公共关系的成功与否有着最直接的联系。

上面的例子就明显地凸显了语言使用在公共关系方面的重要作用。正是恰当而客气的语言，消除了客户的怨气，避免了一场危机。

现在大多数企事业单位都设立了公共关系部门，都有专门的公共关系工作人员，专门处理和本单位相关的公众事务，这有利于企事业单位在公众中树立良好形象。但大多数公共关系工作人员往往存在一些语言方面的不足。如有的公关人员满口方言；有的说话缺少“请”“对不起”“谢谢”“不客气”等礼貌用语；有的说话口气不够委婉，过分直接；有的干脆站在单位的立场上和客户争辩，指责客户；有的说话冷冰冰，很不热情；有的说话不留余地，让客户很难堪。这些都是很不合适的。公共关系工作人员代表着单位，他们的一言一行、一举一动都和单位的整体形象有关。

# 交际要以对方为中心

交际对象是指交际中信息传递的目标，即语言交际活动中的信息接收者。信息接收者的职业、身份、文化程度、思想状况、性格爱好、处境心情、年龄阅历、生理特征及其与说话人的关系等，共同构成了语言交际活动中的交际对象，影响着语言交际的实际效果。

语言交际的效果不仅要看说话者能否恰到好处地表达自己的思想感情，还要顾及交际对象，看对方能否准确理解内容并乐于接受。交际对象的知识水平是影响语言交际的另一个客观因素。文化程度不同，对语言的识别能力和理解水平也不一样。因此，面对文化程度不同的人，语言交际的内容和方式也要有所不同。

毛主席但凡见到老乡，就问："粮食价钱怎么样？""盐贵不贵？""日子困难不困难？"一天，见到年轻人扛着锄头往地里走，就问："小伙子，有什么不称心的事没有？"那个年轻人一见是毛主席，心里可乐了，便高兴地回答："这会儿大家都翻了身，哪里还会有不称心？就是没钱讨老婆，还是有点不大痛快。"后来又遇见一个老汉，他又问："老人家，你觉得有不快活的事没有？"老汉一见是毛主席，也就乐开了："不如意的事早跟反革命抛光啦！哈哈……不过，我这睁眼瞎，啥事都难办。"再往前走，又碰见一个小孩子在路上玩，他也问道："伢嘞，你有什么不快活没有？"小孩一听，就气哼哼地说："我不快活，在家总是挨打。"等到全村开群众大会时，毛主席就在台上讲话了："老乡们，这会儿咱们大家翻身了，日子也好过了，谁也不像早些年时候，拿三岁伢子换五斗谷了。"毛主席一开口就打动了群众的心，接着他又说："往后我们的日子还要过得更好。现在我想提出三件事要大家照办，不知道大家愿意不愿意？"大家同声回答："愿意。"毛主席说："第一件，往后讨老婆不准要钱；第二件，我们马上办夜校，叫大家能学文化，不能当睁眼瞎了；第三件，当爹妈的往后不要再打伢子了。"毛主席的话还没有落地，不论小伙子还是老汉、小孩，一个个都欢喜地跳了起来，大家都说："毛主席就是懂得老百姓的苦楚，真说到咱们心眼里了。"

毛主席的话说到了每个人的心坎上。因为他能够把群众的疾苦放在心上，同时也善于根据交际对象的知识水平选择语言形式。如果交际时不考虑交际对象的知识水平，"之乎者也"大侃一通，那不仅达不到预期的效果，甚至还会闹笑话。《语言漫话》中讲了这么一个笑话，说是旧社会有一个父母官下乡体察民情，他问老百姓："近年黎庶何如？"老百姓听不懂，说："今年梨树好，只是虫吃了些。"老百姓之所以答非所问，就在于问话人没有考虑到交际对象的文化水平。

交际对象的身份对语言交际效果也有影响。不同职业身份的人，往往习惯根据自己的职业特点来理解语言的意义。这是因为从事不同职业、具有不同专长的人，他们的信息点和兴奋点是不一样的，所以，他们对信息的接收就会有不同的反应。例如，一位教师深夜外出归来，看见家属院内的暗影里有一个人鬼鬼祟祟，就上前盘问他，那人支支吾吾说不出个所以然，教师就把那人扭送到了公安机关。当他把这件事告诉当警察的哥哥时，哥哥就让他把事情的经过叙述得详详细细，并到现场勘察了一番，仔细分析了那个人的动机，这体现出了警察特有的敏锐性。当他把这件事告诉当法官的妹妹时，妹妹则在考虑这个人会受到的处罚。

交际对象的处境、心情、年龄、阅历等对语言交际也有一定的影响。一般来说，当心情较好时，人们多从正面出发理解信息内容，不太追求其深层含义；当心情不太好时，人们往往会对信息内容做出不同于平常的理解，甚至会拒绝交际。例如，当心情比较好的时候，开个玩笑，善意地贬低一下对方是不会引起纷争的；但当对方心情不好的时候，还和对方开玩笑，就可能引起对方的不快，甚至发生冲突。

阅历对语言交际的影响表现在：不同阅历的人，有不同的思想文化基础和心理特征，往往会从不同的角度去理解信息内容。所以对不同阅历的人，要使用不同的语言形式。如老年人阅历丰富，对人对事看得透彻，和他们说话时，应多用委婉含蓄的方式。青年人阅历少，对人生前途、理想充满憧憬，和他们说话时，可多用充满激情的话语去鼓励他们。

性别差异也会影响交际的效果。如对男性说话和对女性说话，内容不会完全相同；而不同的生理特征又决定了不同的心理特征，因此要选用不同的言语形式。爱美是人的天性，女性更是如此。说一个男生“胖得像水桶”，他也许不会在意；但如果这话当面说给一名女生时，就会引发不快。在语言交际中，我们要综合考虑，全面了解交际对象，有目的、有针对性地运用语言，提高语言的可接受度。

# 情感是人们进行语言交际的心理动力

情感是人们进行语言交际的心理动力。情感包括两个方面：一是感情，二是情绪。

对于感情对语言交际的影响，社会心理学家曾用定势理论加以说明。在人们的交际过程中，每个人都具有一定的心理定式。所谓心理定式，是指在过去经验的影响下心理处于一种准备状态，而这对解决问题有一定的倾向。人们在语言交际中的心理定式表现为正负两种形式。正向定式表现为对他人的好感，负向定式表现为对他人的厌恶。当语言交际双方处于正向定式时，其语言交际的信息流就会大一些，交际频率就会高一些，交流的速度就会快一些；当语言交际双方处于负向定式时，交际双方感情相悖，互不信任，其交流的信息量就会小一些，交际的频率就会低一些，交流的速度就会慢一些。

正向定式表现为交际双方的友好，促成正向定式的因素有外貌、品格、性格、智力、爱好的相近性及相互间的合作等。负向定式常常表现为交际双方的戒备和互不信任。在语言交际实践中，交际双方产生情感共鸣，引起好感，互相友爱，其交际方式就比较随便、自然，交际的话题就会广一些，交际的距离就比较近。反之，如果双方心理上有隔阂，形成负向定式，那交际方式就比较单一、机械，双方就会很少接触。出于无奈必须要交际时，双方也是小心翼翼，尽量选择中性词语，不露出任何情感，以免刺激对方。

应该说明，正负定式不是一成不变的。由于外界的影响，正负定式有时会在一夜之间转换。在语言交际中，要注意尽量减少外界影响，创造良好的交际环境。

情绪对语言交际的影响是显而易见的。情绪是指人们受到外界的刺激而产生的临时性的心理状态。由于外界的某种刺激，人们正常的心理平衡被打破，出现了高兴、气愤、激动等情绪。激动的心理状态对语言交际的影响是复杂的。有些人情绪激动时，本来善于说话却变得不会说话，如“气得说不出话”“高兴得不知说什么好”等；有些人情绪激动时，本来不善言谈却变得口齿伶俐，一下子能说会道了。

情绪造成的心理波动是临时的、不稳定的，情绪激动时的人往往会说出一些过激的言语，产生不良的后果。所以，人们在交际中，如果情绪不稳定，要尽量少说话，避免处理重要的事务。同时，要适当控制情绪，不要让情绪影响自己的交际。

## 由“栩栩如生”引出的啰唆

有一个学生，老师让他在课堂上解释“栩栩如生”一词的意思，他竟说了这么一大堆话：

> 当今的语文课吧，老师问我那个“栩栩如生”当什么讲来着？嗯，我，我怎么也想不起来了，就是想不起来了吗？这个这个……，哎，反正，就是想不起来了。我的记性呀，哦，可坏了。那天，我使我弟弟的圆珠笔，后来不知放在哪儿了。我弟弟的圆珠笔可好啦，是红蓝两色的，是我家小姨给买的，从上海买的。我的小姨吧，这个，她一出差，就住我家……

老师让这个学生解释一个词，会就会，不会就不会，用不着节外生枝。可这个学生说着说着，竟说到圆珠笔和小姨那里去了，说话漫无中心，任意发挥，表达不清自己的意思，也浪费了别人的时间，缺乏逻辑。

逻辑，说得通俗一点，就是说话要有个顺序，要按照事物的内在顺序进行讲述。如叙述一件事，就要先讲开始，再讲发展，最后讲结果。如果说明一个道理，就要先讲清基本观点、来龙去脉，再举例说明。如果讲一个问题，就要先讲清问题的关键，再讲解决问题的方式和方法。绝不能天上一句、地下一句，这样别人听不懂，自己也越讲越糊涂。

掌握一些逻辑学知识对于说话很有必要。逻辑学中有同一律、矛盾律、排中律和充足理由律。学习了这些基本规律，可以保证你说话时不犯逻辑错误。同一律可以教会你说话时围绕一个中心来进行，说话不枝不蔓，层次分明；矛盾律可以教会你说话时不会自相矛盾，不会出现自己跟自己打架的毛病；排中律可以教会你辨明别人的逻辑错误，保证言论的真实性；充足理由律可以教会你说话要注意因果关系，不犯“论据不足”或“推不出”的逻辑错误。

逻辑学还有一些简单的逻辑方法，如下定义、划分、概念的限制和概括等，学会了这些方法，可以大大提高我们说话的能力。

在日常对话中，由于语言环境、说话者的身份、说话内容等的限制，有时我们还需要善意地“破坏”逻辑规则，利用词语具有的多种意义进行解释，或打破尴尬气氛，或制造轻松和谐的氛围，赢得交际的主动权。例如：

> 20世纪美国代表团访华时，曾有一名官员当着周总理的面说：“中国人很喜欢低着头走路，而我们美国人却总是抬着头走路。”此话一出，语惊四座。周总理不慌不忙，面带微笑地说：“这并不奇怪。因为我们中国人喜欢走上坡路，而你们美国人喜欢走下坡路。”

美国官员的话显然带有对中国人的侮辱。在场的中国人员十分气愤，但囿于外交场合难以强烈斥责对方的无礼。但如果忍气吞声，听任对方的羞辱，那么国威何在？周总理的回答让美国人领教了什么叫作柔中带刚，最终尴尬、窘迫的是美国人自己。

这个例子就是利用了一词多义，反逻辑规则而行之，对词义进行了不同于平常的解释。新的解释不但出乎意料，而且令人称赞，既捍卫了祖国的尊严，又不动声色地给挑衅者以有力回击，表现出中国领导人机智、幽默的一面。

逻辑学是有关思维的科学，语言则是思维的外部表现。懂得了逻辑学，也就等于懂得了调整言语次序的方法，就可以驾轻就熟地运用逻辑知识，大大提高我们说话的能力。

# 辩论

我曾在大学教书近四十年，林林总总讲过十几门课程，涉及汉语言文学、传播学、语言学以及交际学，教学目的是提高大学生日常交际和说话的能力。在教学实践中，我不但变成了会说话的老师，还变成了一个研究语言应用的学者；不但有了实践，还有了专门的著作。

语言交际课程中有一个单元是“演讲与辩论”，其目的是通过教师对理论的讲解和学生实际的演练，让学生学会演讲和辩论的技巧。后来发现我错了。这种错首先表现在辩论方面。

所谓辩论，就是通过讲事实、摆道理，用雄辩的事实去说服对方。但在现实生活中，你见过几个被雄辩的事实说服并低下高昂的头颅的？你能说服对方吗？事实上，任何人对自己所持的观点、对自己认为对或错的东西都是根深蒂固的，都有着执拗的一面，这和人们长期形成的秉性、性格、心理状态、心情有关。想通过一次或几次辩论说服对方几近妄想。

一般来说，年轻人血气方刚，更愿意通过争论来证明自己观点的正确性，但在现实中会发现，争论的结果往往是两败俱伤，不但伤了和气，还可能大打出手，最终谁也不能说服谁，辩论到此并没有产生作用。而老年人面对辩论，面对无法说服的对手，更多的是摇摇头就离开或者沉默不语，摇头或沉默不语都表示无法说服对方或对对方的观点不赞同。

那么最能说服人的力量是什么？是实践。当一个人的观点行不通后，他才可能承认自己的错误，才可能低下自己的头颅，即使这样，还可能只是心里承认失败，但嘴上不饶人。有时候，承认自己的错误非常难。中国人民大学国际关系学院副院长、著名国际关系学家金灿荣在一次演讲中曾说：

> 年轻的时候我相信辩论可以解决问题，现在发现辩论根本不解决问题。一个人形成自己的价值观以后，死倔死倔的，不会改的，根本就不会改。辩到后来就是伤和气，你还想说服对方，根本说服不了。你知道人怎么变呢？就是用他的价值观做事，事失败了才有影响。你光跟他讲道理一点用都没有。只能用实践来教育他。

近二三十年，世界上出现了一套完整的论辩比赛程序：首先抽取一个论题，双方设定一个正方、一个反方；然后各自为自己的观点去搜集论据。在看台上，在规定的时间内看谁引证的名人语言影响力更大，谁的声音更洪亮，谁的语言更流利，谁的气场更强大，至于己方或对方的观点是不是正确，这并不重要。这看起来更是一场设置好的吵架比赛。

语言是什么？语言是人类表达思想、进行交流的工具，文字则是记录语言、辅助语言进行交流的工具。语言最大的功能是陈述，是把自己的思想或观点传递出去，而绝非辩论。对方是否接受，那就完全是对方的事情了。在大学课堂上，想用三十几节课让学生学会辩论的技巧，试图通过辩论去说服对方，那是理想，更是幻想。

# 不同的文体风格要把握好

我们不但要用对文体，还要用好文体。用好文体，就是要把握好不同文体风格。

文体风格是写作者通过不同的文字组合显现出来的味道。不同的文体，具有不同风格，这些风格不要混淆。例如文艺语体的风格是浪漫激情，多用修辞，句子或排比或押韵，朗朗上口，具有一种外在的文字艺术美。评论语体的风格是逻辑严密，语言严谨，鞭辟入里，入木三分。这种语体的风格用最庸俗的话说就是“把你骂得狗血淋头而不带一个脏字”。科技文章的文体最主要的就是严谨。逻辑严密，层层相扣，前提和结论之间具有必然的联系，段落与段落之间具有明显的推论意味。这些文章借助科学用语最多，有时也用图表和数字做说明。应用文体的风格多给人一种权威感。知道了这些区别，就可以根据不同的文体，使用不同的文字风格。假如我们随意运用文体，胡乱搭配风格，就会让人笑掉大牙。

# 下 篇

# 语言的魅力

# 江南美韵

来江南数年，我每天都会被江南感染。到外地出差，总有急切想回去的感觉；和人交谈，总有一种作为江南人的自豪。这是因为我爱江南。

“江南”指的是长江三角洲及其附近地区，历史上是和“中原”相对立的概念。我生于黄河岸边，长在中原大地，黄河的水滋润了我。但在小时候，我读过许多关于江南水乡的文章，我被江南感动，江南的山山水水吸引着我，我一直为自己不是江南人而遗憾，江南是我心中的一个梦。及至长大，我移居江南，有了大量的时间去品味江南，我为有生之年身居江南而自豪。

喜欢江南，首先是因为江南的水。和北方相比，江南多水，湖泊众多，河流纵横，城市流淌的是水，乡村所居的是水，所以江南又称“水乡”。江南的每一个城市都有自己的水，黄浦江孕育了上海，钱塘江滋养了杭州，甬江、姚江、奉化江成就了宁波，鉴湖哺育了绍兴，太湖养育了无锡，而南湖更是给中国革命带来了动人的插曲，还有横贯整个江南的勃勃大江。江南可以说处处有水，步步有河。江南的水性灵，这话一点不假，水是江南的灵根，它养育了江南，滋润着江南。杭州的妩媚，扬州的典雅，无锡的文静，苏州的小巧，上海的伟岸，绍兴的古朴，是因为水。荡舟西子湖，漫步外滩，徜徉鼋头渚，摇桨玄武湖，你欣赏的是水景。东方大港的美梦，沿江港口的恢宏，跨海大桥的气魄，你感受的是水的现代化，而苏州小城的精致，天下第二泉的美丽音乐，宁波天一广场的现代化，上海浦东的气派，则是水赋予的风格。

喜欢江南，还因为江南的山。江南的山都不高，有的根本不能称为山，只能是丘陵。这些矮矮的山却是不可或缺的江南极品，都极富灵气。惠山、锡山包蕴了太湖，老河山、宝石山呵护着西湖，紫金山、钟山则见证了六朝古都的历史恢宏。和北方的山相比，江南的山平缓，不险峻，都经过人工的修整和打扮，是一座座矮矮的青山。茂密的树林，成片的草地，盛开的鲜花，曲径通幽的小路，蜿蜒而上的石级，给江南的山增添了几分精致和幽静。在江南一些城市，登山是一种极为普遍的运动，每逢休息日，大大小小的人，三五成群，说说笑笑，登临诸峰。山谷里回荡的是幸福的笑声，山腰上移动的是矫健的身姿，山顶上遥指的是点点的身影。走在山中，在绿色的怀抱中呼吸着新鲜的空气，倾听着鸟儿的鸣叫声，这给久居闹市的人们带来的是一种大自然的清新。雨中看山，江南的山更有景致。雨中的山雾蒙蒙的，群山静静地列队，山尖上好似有一顶顶雾蒙蒙的帽子。在苍穹的笼罩下，小山静静地卧着，好似在经受雨的洗礼。如果你这时来山中，能够倾听到雨的沙沙声、树叶的哗哗声，感受到雨滴的亲吻和雨中的空气，别有一番滋味。江南的山点缀着大地，给人们带来了生气，也带来了无尽的情趣。

喜欢江南，是因为江南的秀美。我想江南的美是互为因果的。秀美的山川河流，赋予了江南人婉约秀美的秉性，江南的人，精雕了江南那极富个性的美丽风景。江南的城市是秀美的，每一个城市都散发着那诱人的香味。都是高楼，江南的高楼就显得秀气精巧，黄浦江边的摩天大楼和长安大街耸立的高楼绝对是两种风格。都是大桥，浦东大桥透露出来的是孕于江南的海派风味，而黄河大桥显现的却是中原文化。都是城市花园，江南的花园显得更加精致，拙政园、狮子林的精巧名冠中国，瘦西湖美轮美奂，西湖的诗情画意让人流连忘返。江南的每一座城市，都浸透了江南的精神，都弥漫着江南人的精雕细琢。苏州、扬州、镇江、杭州、无锡、绍兴、宁波，每座城市都是一个美丽的花园，都有可圈可点的江南美景。

喜欢江南，是因为江南的恬淡。那镶嵌在青山秀水间的江南小镇，如一朵朵精致的小花，映衬着江南的美。哥特式、巴比伦式、古代城堡式的乡村别墅散落在大地，五彩缤纷，争奇斗艳，显示了乡村的富裕和人们的满足，展示了江南人对美的追求。斜桥横倚的溪流小河，桨声悠悠的点点小船，枕河而居的竹门小屋，石板铺成的幽深小路，载满历史的深墙大院，挂满灯笼的酒肆店铺，古朴典雅的临街民居，悠悠地摇着蒲扇、带有吴腔越韵的老人的交谈声，都会让你对江南的精致和小巧印象深刻。漫步在乡村小镇，你读出的是江南的浓浓韵味，你感受到的是江南的厚厚风情。江南最典型的莫过于六大名镇——周庄、甪直、同里、南浔、乌镇、西塘，可以说每一个都是江南博物馆。江南的韵味和江南的美就存在于这不经意间。

喜欢江南，是因为江南的人。江南的山水滋养着江南的人，涤荡着江南人的心灵，雕琢着江南人的外貌，赋予了江南人灵气。人们只要喝了江南的水，那灵气就出来了。中国很多力挽狂澜的伟人都来自江南，江南的才子更是不胜枚举。徐志摩的浪漫、郁达夫的激情、鲁迅的深邃、茅盾的思想、金庸的大气，谁能说他们没有获得江南激发的灵感呢？鉴湖女侠的风骨，梁祝的凄婉，白娘子的深情，谁能说她们没有江南的山水浸润呢？江南的女子美。如果说湖南的女子多情、四川的女子辛辣、东北的女子英气，那江南的女子就是清秀。江南的女子多是杨柳细腰，皮肤白皙，婀娜多姿。盘一束高高的发髻，罩一身艳丽的旗袍，执一把细花阳伞，在夕阳的照耀下就似天女下凡。江南的女子也是很能干的，在很多家庭和单位，执牛耳的是女性。

喜欢江南，是因为江南的浪漫。江南的浪漫不仅表现在江南才子的才情上，也表现在江南给人的幻想上。夜晚的外滩，几公里路，万盏灯火齐明，霓虹灯上下闪烁，绚丽斑斓，极为富丽壮观，展现了现代化都市的大气派。夜晚的衡山路静悄悄地，在灯光的笼罩下，一座座酒楼透过那一扇扇玻璃门窗，散发出现代化的气息，你听到的是爵士乐或轻音乐，你感受到的是浪漫。杭州的南山路和北山路，毗邻西湖，伴有中国美术学院和盛名的新新酒店，有苏堤和白堤连接。两条路上酒肆茶馆林立，画廊饭店毗邻，文化和休闲氛围极浓。入夜，五彩的霓虹灯闪烁，优美的音乐声响起，头顶一轮明月，映着西湖的浪花和水声。这里人文和自然紧密结合，传统和现代相互交融，中西合璧。走到这里，就如同进入了神话般的世界。

聪明的江南人绣出了江南，也画出了江南的秀美风光。勤劳的江南人创造了江南，今天的江南是如此美好。

我爱江南。我喜欢江南那浓浓的韵味。

# 江南水韵

喜欢江南，首先是因为江南的水。

和北方相比，江南多水，湖泊众多，河流纵横。江苏水域总面积约占全省总面积的 17%，如果仅仅统计苏南，那比例会更高。所以，在江南，城市流淌的是水，乡村所依的是水。在一些小镇，可以说家家门前尽枕河。家家喝的是门前的水，用的是门前的水，门前的水养育了一代又一代人。

江南的水大体分为两类，一是江河溪流，二是湖泊池塘。江河溪流如丝带缠绕，来回穿行于城市和乡村间，就如流淌在身上的血液。二是湖泊池塘，它们是当地的心脏，是养育生灵的根。河流湖泊在滋润万物的同时，也带来了无尽的美。

“江南”是相对“中原”出现的概念，其指称范围最大可以包括两湖以东的区域。如果说中原在人们心目中的特色是历史，是民族的源泉和发祥地，那江南最大的特色就是水和鱼米之乡了。水成就了江南，水滋润和造就了江南，没有水就不会有今天江南的美和繁荣。

江南因水出名的地方很多，除一些大中城市外，要数六大古镇名气最大了。这些小镇都有江南特色：细细的河流丝带般穿梭绕行，各式各样的小桥斜倚河上；长长的桥廊沿着河水迤逦而行，曲折幽深的小路伸向远方；两厢的民居古色古香、窗明几净，窄窄的夹道诉说着历史；家家的门后伴着小河，吱吱的摇橹声穿街而过；各种店铺一列排开，红红的灯笼摇曳。小镇充满了欢乐，小镇也有些许幽静。如果你是在闹市中待久的人，那你就会被小镇的幽静感动，被小镇的古朴吸引，被那浓浓的水乡情醺醉。

江南人爱水，他们给自己的水都起了很美的名字。我们不消说太湖的浩渺、西湖的美丽，也不消说瘦西湖的典雅、南湖的气派，就是一些不太出名的湖，也是很美的。南京的莫愁湖、苏州的金鸡湖、绍兴的鉴湖、杭州淳安的千岛湖、临安的青山湖、无锡的映山湖等等，仅仅从名字你就可以想象到她们的美丽。我曾经数次去往苏州的金鸡湖，千百年来，她静静地卧在苏州城边，素面朝天，没有过分的妖娆，没有去争奇斗艳。她默默无闻地守着苏州城，她的美被寒山寺的钟声、被拙政园和狮子林的精致淹没了，她的名声也被京杭大运河的威名压倒了，但金鸡湖一直保持着自己独特的魅力。清晨或是傍晚，当你漫步在湖边，看着摇曳的树枝和花草、湖水细浪，伴着远处飘来的音乐，呼吸着湿润的空气，你真的会心旷神怡。在阳光的照耀下，湖水熠熠闪光，泛动着粼粼的涟漪，在远处建筑物的映衬下，金鸡湖静静的，湖水清清的，温柔安然，神韵飘逸，宛如静静的少女在默默展示自己的美丽。当我第一次看见金鸡湖水时，我就为她静瑟的美倾倒了。在这之前，我从没有听说过她的名字。我想，唯一的理由就是苏州美丽的东西太多了，以至于连金鸡湖这么美丽的湖水都来不及向世人展示了。

江南人爱水、欣赏水，也喜欢打扮水。他们会发挥自己的才智，让水也变得柔情浪漫，多姿多彩。在水之滨植树、养花，让水和绿色相映，让水多几分花香，多几许温馨。在河之畔修楼台水榭，让水和音乐融合，这既方便了游人，也进一步美化了水。在河畔架上多彩的霓虹灯，七彩灯映照着水，水就有了神话般的意境，有了梦的幻觉。造个小山、垒个花坛、围个喷水池、修个小广场，水变成了一个个美丽的花园，水的功能此时不是养身，而是修身养性。傍晚，走在水边，幽幽的灯光闪烁，泛泛的水花闪动，空气中飘散着花草的幽香，置身于此地，你会心旷神怡，可以尽情地感受大自然的快乐，享受人生的美丽。

江南的水多情，这是举世公认的。水的多情融于江南的人，就有了女人的丽质和男人的潇洒。就有了才子佳人的浪漫故事，有关乾隆皇帝的民间传说多在江南，唐伯虎的风流倜傥就在苏州，当然还有梁祝那凄婉动人的爱情悲剧，白娘子那可歌可泣的爱情追求，陆游《钗头凤》所演绎的情歌也在江南，秋瑾的从容就义更是一种让人敬佩的深情。江南女子清秀可人的身姿是江南的水滋养的，白皙的肤色是江南的水浸润的，吴侬软语如水般流淌，小巧阳伞、绣花旗袍也是江南的水演化而来的，江南女子就是水的精灵。江南多出才子，这些才子们不仅文采好、洒脱浪漫，而且愤世嫉俗、忧国忧民。创造社、太阳社、文学研究会和鸳鸯蝴蝶派的成员都有江南人，徐志摩的浪漫，郁达夫的激情，鲁迅的犀利，茅盾的深邃，柔石、朱自清、叶圣陶的才气，徐悲鸿的飘逸尽显。这每一个里程碑式的人物都在江南浸润过，都被江南的多情的水感染过。

江南的水伟大。江南的水不仅造就了江南，而且哺育了中华民族。奔腾不息的勃勃大江流淌了千年，滋润了江南，也哺育了中华大地的万物生灵。历史上，江南就是政府的“钱袋子”，就是著名的鱼米之乡。据说乾隆数次下江南，其中一个原因就是要看好国家的“钱袋子”。中国当代经济的两大模式——“苏南模式”和“温州模式”都形成于江南，江南是当今中国最富庶的宝地。中国现在的两院院士有相当部分出自江南，听说仅仅浙江籍两院院士就约占总数的22%。而今的江南更是爆发出勃勃生机，许多“国内第一”都来自江南，长三角城市群的魅力更是无穷。我想如果没有江南的水，就不会有江南的今天。江南的水，我们怎么歌颂都不过分。

我爱江南，更爱江南的水。江南的水深情，江南的水博爱，江南的水也滋润了我。我以为，如果我有一点点进步的话，那首先要归功于江南的水。

# 江南山韵

喜欢江南，是因为江南的山。

江南的山都不高。山在这里，似乎只比地面高一些。苏州的天平山，无锡的惠山，杭州的老和山、宝石山，绍兴的天姥山，南京的紫金山，宁波的雪窦山等都属于这类。少数如杭州临安的天目山，其最高海拔千余米，才真正有些巍峨的山的气派。

和江南的水相比，江南的山都不算出名。能和长江齐名的大山，江南几乎没有。这些为数不多的江南小山，却是江南不可或缺的珍品。他们的历史和江南的水一样悠长，他们见证着江南的沧桑巨变，哺育着江南的万物生灵，滋养着江南，给秀美的江南增添了几分豪气。“山不在高，有仙则名。水不在深，有龙则灵。”唐代诗人刘禹锡对山水的评价很符合江南的山的特点。

北方的山气势极为雄伟。它们高耸入云，险峻挺拔，延绵千里且千姿百态。他们大多裸露着胸膛，棱角分明，似擎天的巨人，又像豪放不羁、不修边幅的大老爷儿们，喜马拉雅山、唐古拉山、秦岭、太行山无不透露出这种铮铮风骨。和北方的山相比，江南的山，其地势多平缓，少有险峻，虽然也延绵百里，但起伏有致，山峰的样子大都相似，表面多是深深的青色，带给人文静和柔和的感觉。所以江南的山更像文静的少女。

和江南的水一样，山也是江南的根。惠山锡山包蕴了太湖，养育了无锡；老和山、宝石山呵护着西湖，守卫着杭州；钟山则见证了六朝古都的恢宏历史和沧桑变化；太平山更是苏州的守护神。如果说江南的水代表了江南女子的清秀外形，那江南的山就代表了江南女人的性格，精明、不乏倔强。

江南的山是美的，这是一种温柔和妩媚的美。江南的山大都经过人工的整修，尤其是靠近城市的山。在人们的精心装扮下，这些山都变得极为精致。茂密的树林层层叠叠，山涧景色各异；黄的、红的、白的、紫的，各色鲜花争奇斗艳，林中的小鸟啁啾不断；静静的小路弯弯曲曲，石头铺就的台阶盘旋而上。江南的山幽静而安逸，江南的山神奇而迷人。

在江南的一些城市，登山是极为普遍的运动。每逢休息，着一身轻装，或将妻携子，或三五好友，说说笑笑，结伴爬山。大家活动活动筋骨，感受一下生命的活力；浏览满目绿色，感受久违的大自然魅力；交流交流思想，释放被压抑的情感。不相识的人们相互打着招呼，感受世间的真情。出一身热汗，换来一天的好心情。在江南，人们周末最常用的问候语不是“吃了吗”，而是“没有出去玩吗”。

天目山可能是江南最大的山了。它位于浙江省杭州市临安区，雄踞黄山与东海之间，俯瞰吴越，威震东南。最高的西峰仙人顶海拔 1506 米。乾隆皇帝两度巡此山，并钦赐《无量寿经》，御笔书写《心经》，封山中一棵大树为“大树王”。民国期间，天目山曾一度成为浙江抗战救亡的中心，周恩来曾涉险临山，多次在这里纵论救国方略。大明山景区共有 32 峰、13 涧、8 瀑。进入景区，林壑优美，峰峦挺秀，水质清澈。拾级而上，步步有景。一条溪流贯通南北，自山顶而下，其飞瀑流泉落差约 126 米，形成三折瀑流飞珠溅玉，蔚为壮观。每一次登临，都会得到一种全新的感受。

江南的山多传神。一座山就是一部历史，一座山就有许多动人的传说。浙江莫干山以怀抱竹、泉、云著称，环境优美，素有“清凉世界”之美誉，与北戴河、庐山、鸡公山并称为我国四大避暑胜地。莫干山得名于一个动人的传说。相传，吴王阖闾命干将、莫邪夫妇在3个月内铸成2把宝剑。可是，铁水在炉中沸腾，就是不凝聚。莫邪舍身跳入炉中，殉祭炉神，铁水始凝固，宝剑才铸成，雄剑名干将，雌剑名莫邪。铸剑的地方就在山中，故名莫干。汉朝吴王濞就曾在此冶铜铸剑。苏州的天平山紧邻太湖，是江南的一颗璀璨明珠，有“吴中第一山”“江南胜境”之美誉。山顶高接云天，常有白云缭绕，古称“白云山”。宋庆历四年（1044），因范仲淹先祖葬于此，宋仁宗以山赐之，又称“赐山”，俗称“范坟山”。白居易、范仲淹、唐伯虎、乾隆都在这里留下了动人的故事和传说。南京的紫金山是南京钟山风景区的一个景点，因其北坡紫红色页岩被阳光照射后呈现紫色而得名。远在唐代，紫金山就与庐山、衡山、茅山并称为江南四大名山。明代号称“天下第一禅林”的灵谷寺、明孝陵和后来的中山陵都在此山周围。山见证了朝代的更替，城市的兴衰，山本身就是文化。

江南的山很美，美在外表，也美在性格。江南的山很秀，与江南的秀水糅合在一起，共同构成了江南的根。江南人的性格像江南的水那样柔，也像江南的山那样平和。江南的山让我这个北方汉子领略了江南的神韵，有了江南的情结。

我为能身在江南而欣慰。

# 江南富韵

爱上江南，还是因为江南的富饶。

除了美丽，江南还以富饶著称。历史上的江南就是著名的鱼米之乡，江南物产数不胜数，浩渺太湖的大闸蟹、基围虾、银鱼、莲藕、碧螺春，饮誉国内外。在杭州、宁波、绍兴、嘉兴等地，人们的殷实生活历来令人羡慕。尤其是近现代，江南民族工业的发展为国家的振兴做出了不可磨灭的贡献。

江南的富裕可不是夸夸其谈的，而是真正存在的。全国最大的经济中心——上海，就地处江南；不到 10 万平方公里的江南镶嵌着南京、杭州、宁波 3 个副省级城市，还有苏州、无锡这 2 个 GDP 总量排在全国前 10 名的历史文化名城；我国改革开放的两大模式之一“苏南模式”就诞生在太湖之滨，另一个模式“温州模式”也属于广义的江南；全国百强县，江南占的比例最大，前十名又几乎都在江南。其实，就是那些没有进入百强县的江南县城，其富裕程度也绝对不可小觑。江南的富表现在各个方面，从城市到乡村，从生活到生产，从穿戴到住房，从存款到休闲，从农家小院到城市规划，无不表现出富裕江南的温馨和甜美。

江南的富裕首先表现在乡村。江南的城市是极具现代气息的，江南的农村也是十分富足的。在江南的许多小乡村，甚至距城市几十甚至上百公里的偏远村镇，绿色的田野里镶嵌的是一幢幢多层小楼，公路四通八达，汽车、农用车比比皆是，农家小院收拾得干净可人，现代化居室散发着浓郁的乡土气息，让城市的人们羡慕。

江南的富也是均衡的富，从乡村到城市，从中心城市到偏远小镇，所到之处，莫不透露出富裕的影子。在江南，一个不起眼的人，也许是一个百万或者千万富翁，也许是一个大企业的总裁。在江南，民营企业多如牛毛，所以老板和经理遍地都是。

江南的富裕离不开江南人的精明。以太湖为圆心，以 200 公里为直径的这个区域可说遍地富裕。每个城市、每个村镇都有自己的特色，都有自己致富的路径。南通的薄荷之乡生产的风油精走遍全世界，江阴华西村的共产主义康庄大道至今仍是全国的一面大旗，苏州、无锡、常州的乡镇企业和外向型经济，绍兴的轻纺工业城，宁波遍地开花的服装城，杭州的动漫之都、休闲之都等称号，都是一个个骄人的业绩，都是江南人智慧的结晶。

江南的富裕是高质量的。走进江南，尤其是浙北，就会发现这里不仅富饶美丽，而且干净整洁，江南人用财富打扮着自己的家乡，享受财富带来的快乐。可以说，住在江南，可以看到绿色的城市、温馨的乡村、别致的庭院、现代化的生活。

江南的富裕是温馨的。江南人富裕了，但江南的民风依旧淳朴；现代化的设施多了，但江南的韵味没有变。江南人富了，但江南人没有邪门歪道。在深夜，一个女子走在大街上是安全的；在街上，你不用担心自己遭受飞车抢劫；待在家里，也没有必要担心半夜会来梁上君子。江南是安逸祥和的江南。

江南人的富是令人自豪的富，是江南人靠自己的双手打拼出来的。浙江义乌的小商品、绍兴的轻纺、海宁的皮革、嵊州的领带、永康的五金、温州的皮鞋、乐清的低压电器、诸暨的袜业、桐乡的羊毛衫等等，这些板块经济可不是靠经济学家论证出来的，而是凭着江南人自己的双手摸索出来的，是靠聪明才智闯出来的。

我以为，江南之所以富裕，主要来自两个方面：一是江南自吴越以来人民安居乐业，文化氛围浓厚，民风淳朴，江南的富裕具有持续性；二是江南人聪明，很会过日子，也很会打理自己的生活。有人说，在江南人的身上可以同时找到冒险家、资本家、革新家、经营者和经理人等五种人的特征。我看这话概括得很到位。江南人就是靠着这些打天下的，江南人的才智由此可见一斑。

江南的富裕既是国家已经强盛的表现，也是中西部要富起来的榜样，江南的富裕是国家的骄傲。江南人用勤劳的双手在装饰着今天的新江南。

我爱富饶美丽的江南。

# 江南的桥

江南多水，所以江南多桥。在江南，有水的地方就有桥。有桥的地方就有了美。

桥最初是为了解决通行的不便。但到了今天，桥不仅是交通工具，而且具有重要的观赏价值，讲究与自然的和谐，讲究和景色的搭配，讲究外观的美。所以桥就有了不同的建筑风格和地域风格，就有了美学上的意义。我国贵州的风雨桥、天安门前的金水桥，欧洲伦敦河、塞纳河和莱茵河上的桥，都是闻名世界的经典之作。风雨桥带有典型的少数民族风格，金水桥具有我国传统雕梁画栋的皇家气派，而欧洲的那些桥就打上了文艺复兴时期的一些痕迹。

江南的桥很多，几乎村村都有些许桥。至于城市里的桥就多得数不清了。最小的桥就是一石一木，把一条长石往河上一放，把一根大树干横在河中，一座简单的桥就成了。人们耕作往返、洗衣下河，都离不开它。这些小桥是须臾不可少的。江南的大桥要数上海东海跨海大桥和杭州湾跨海大桥最为有名，这两座大桥延绵几十公里，横跨大海，如长虹飞架，如蛟龙出水，如漂浮在海上的飘带。这两座桥舞动了江南的经济，为区域的发展发挥了巨大的作用。

小桥是江南水乡的一大特色。著名画家韩美林的一幅周庄小桥的画，让全世界领略到了江南水乡的迷人魅力，感悟到了江南小桥的韵味，也让周庄走向了世界，从而使周庄有了江南六大古镇的底气。周庄清清的河水欢快流动，盘绕在小镇上；小桥静静地躺在河上，舒展着自己的身躯；船儿贴着小桥的身子悠悠穿过，似在窃窃私语；家家前门临街，后门枕河，都有阶梯连接着小河。有些小桥仅仅连着两家人，显示了两家密切的交往。还有个别人家干脆就把家建在桥上，这可真的是以桥为家了，桥上生活，桥下流水。桥连接了水乡人，连通了相互之间的感情。

江南的城市也多桥，河水把城市分成了几瓣。大桥飞架两岸，桥上车水马龙，热闹非凡；桥下游船、轮船穿行，机声隆隆。桥是城市交通枢纽，城市交响曲就在这桥上演奏着。入夜，五彩的霓虹灯把桥装扮得光彩夺目。远远望去，大桥如弯弯的彩月，如河上的彩虹。宁波老外滩方圆数公里的高大建筑灯火齐明，映亮了江面；霓虹灯划破夜空，灯柱来回游弋。数座大桥手拉着手紧紧相连，熠熠灯光清晰地勾勒出桥的轮廓，桥上汽车来回穿梭，星星点点；桥下江水泛着光芒，和星月相映。这时的桥与水相连、水与光相融，天水一色，构成了一幅壮美的现代化都市夜景图。桥沟通了城市的南北，让天堑变通途；桥装扮了城市，也美化了人间。

江南的美源自水，有水就不能无桥。桥是江南一道亮丽的风景，也是神来之笔。在典雅的瘦西湖，在盈盈的苏州小河，在妩媚的西子湖畔，在浩渺的太湖之滨，在古色古香的绍兴街头，都有桥的影子。这一道道风景，都有桥的映衬。粼粼的波光荡着悠悠的小船，夹岸的杨柳婆娑，挑角的亭阁台榭，再加上弯弯的小桥，那如诗如画的韵味就出来了。“东南形胜，江吴都会，钱塘自古繁华。烟柳画桥，风帘翠幕，参差十万人家。”试想，如果没有烟柳画桥，那如画的风景将会逊色多少？在江南，一座桥就是一部杰作，就是一件艺术品。江南的风景如画，江南的桥也如画。

江南的桥是多种多样的，其构造材料也各有不同。有的是钢筋铁骨，如钱塘江大桥和苏州河大桥，浑然一体的钢铁巨龙，显现出的是气派。有的是石桥，几个桥墩，再铺上几块青石板，一座简单的小桥就出来了，简洁实用。有的是木桥，这种桥易雕琢，适宜各种造型，多建在园林和景区里，追求的是精致和小巧。但江南更多的还是水泥桥，这种桥经济实惠，取材方便，但少了点质感，多了点呆板。聪明的江南人对它进行了巧妙改造，人们从表面上已看不出水泥与石木的区别，这些桥既有了石的质感，也有了木的雕琢，一改往日的旧模样。

江南的桥千姿百态，各式各样，有的精致小巧，有的古朴典雅，有的大气凝重，有的简单实用，还有的造型奇特，可以说没有完全相同的两座桥。在杭州南山路风景区内，窄窄的河道上修了几个荷花样的石礅，石礅高低不平，错落有致，人们踏着石礅就可以轻易地过河，这石礅也就成了桥。在众多江南的桥中，最为精美的恐怕要数苏州园林和西湖苏堤的那些小桥了。西湖苏堤上的六座小桥，又称“六桥烟柳”。“十里长堤柳色新，六桥凝碧水粼粼”，就是对苏堤六桥的真实写照。六座小桥一字摆开，掩在清水绿荫中，变化有致，韵味十足。人行桥上，不论远眺近望，景色各不相同，可以说步移景换，一步一景，它们和西湖的水、西湖的树木花草相互辉映，相得益彰。映波桥垂杨絮柳，云烟摇荡；锁澜桥碧波荡漾，花草丰茂；望山桥一览湖面，映带层叠；压堤桥花木扶疏，清风拂面；东浦桥可观日出日落，碧天云海；跨虹桥可雨后观虹，彩霞映天。江南风景誉满天下，这里面可少不了江南的桥的风韵。

当然，扬州瘦西湖的二十四桥更是江南的桥的代表。二十四桥不仅指真实存在的桥，还具有很深的文化含义，倾倒了无数文人骚客。在晚唐大诗人杜牧《寄扬州韩绰判官》一诗中出现的，这座桥便有了朦胧神秘的色彩。“青山隐隐水迢迢，秋尽江南草未凋。二十四桥明月夜，玉人何处教吹箫。”千百年来，文人墨客有机会到扬州，没有不去寻找二十四桥的；而没有机会来扬州的亦是魂牵梦绕，心向往之。自宋代以后，二十四桥大量出现在诗词歌赋中。欧阳修有：“都将二十四桥月，换得西湖十顷秋。”黄庭坚有：“淮南二十四桥月，马上时时梦见之。”周邦彦有：“天涯回首一销魂，二十四桥歌舞地。”历史上的二十四桥已不复存在，今天的二十四桥却是新建的，与玲珑花界、熙春台、望春楼四组景点构成了瘦西湖风景区的一部分。这座桥似一条展开的玉带，由汉白玉砌成，单孔拱形，呈东西向飞跨于湖面之上，桥身长二十四米、宽二点四米，两端各二十四级台阶，上围二十四根栏柱，栏板皆雕月镂云，处处隐含“二十四”之意。

江南关于桥的传说有很多。杭州民间传说的“三怪”中有两个就和桥有关，“长桥不长，断桥不断，孤山不孤”，那白娘子和许仙的断桥奇遇，那梁祝凄婉的长亭送别，都和桥有关。江南的桥见证了历史兴衰，演绎了许多可歌可泣的故事。

在江南，人们对桥的称呼是多种多样的，如画桥、云桥、雾桥、烟桥、风桥、水桥、天桥、廊桥、虹桥、月桥等。这每一个称呼都是对桥的赞美，都透露出人们对桥的喜爱，都道出了别致的桥韵。人们借助桥表达了对美的追求，表达了对生活的歌颂，也表达了对未来生活的向往。

江南的桥如画，江南的桥让人流连忘返。和江南的山水一样，江南的桥也是江南一绝。

我喜欢江南的桥。

# 江南的雨

来到江南，给我印象最深的莫过于江南的雨。

不论春夏秋冬，江南总要下雨，而且总是淅淅沥沥地下个不停。

我想，江南之所以是江南，和雨是分不开的。雨滋润了大地，补充了河流，灌溉了农田，养育了万物生灵。没有雨，江南也就不能成为江南了。

和北方相比，江南下雨的时节更多，除了梅雨时节天天下雨外，其他时节也多雨，所谓“春雨贵如油”在江南是不存在的。江南的雨多，下的时间较长，像北方的那种瓢泼大雨是不多的。蒙蒙细雨亲吻着大地，轻轻地敲打着窗户，带着韵律，像是一首简单的乐章，滋润着人们的心田。

江南的雨就像江南人，没有狂暴，表现出一种精致和小巧。站在高处看江南的雨，那雨景像一幅浓浓的泼墨山水画：天上的云彩灰白不一，微微的凉风吹拂着树叶；巨大的雨帘高挂天上，雾气腾腾，朦朦胧胧；雨帘中的建筑高低起伏，参差排列。此时，就如同身处群山，细细的雨滴洒到身上，让人感到十分清凉舒畅。

北方下雨分季节。一到六月份，进入雨季，北方的雨水就来得勤了。和江南的雨不同，北方的雨下得特带劲：夹杂着隆隆的雷声，带着满天的乌云，裹着大风，携着磅礴的气势，铜钱大的雨滴就砸下来了。它或是瓢泼大雨，或是疾风骤雨，整个大地都被这种气势笼罩。人们往往被这种气势征服，躲进室内，任暴雨狂虐。北方的雨给人酣畅淋漓的感觉，这北方的雨像北方人的性格。

江南的雨是调色板。每逢下雨，人们都要从家里拿出红绿白蓝等各种雨具，头上顶的、身上穿的都是缤纷的色彩。远远望去，整个街道就像一个流动的色彩世界，如同色彩博览会。

江南的雨是美容师。江南的女子多清秀俊美、肤色白净，我想应该和江南的雨有关系。清澈的雨水滋润了江南的女子，给江南的女子带来了靓丽和清纯，带来了清秀和温柔。《红楼梦》里说，女子都是水做的，用它来形容江南的女子，最为恰当。

江南的雨是一首诗。如果闲暇无事，下雨之时登临宝石山，身在簇簇青山中仔细品雨，你能读出许多优美的诗句。雨中的西湖就像一个美丽的少女，静静地安卧在那里；远处山湖一色，小瀛洲、阮公墩、湖心亭和孤山地撒在湖中，片片小舟慢慢漂动着，绿树成荫的长长苏堤和白堤就像两条绿色的绸带，飘浮在湖面；三潭印月、平湖秋月、曲院风荷、花港观鱼等尽收眼底。这时你唯一的感觉就是置身于画中。看到这美丽的景色，你就算不是诗人，也肯定会动诗兴的。

江南的雨是一道风景。当细雨蒙蒙之时，捧一朵花伞，漫步在苏堤白堤，你准会心醉的。堤上青青的树叶翠绿欲滴，斑斓的花儿争奇斗艳，碧绿的草地散发着清香，夹岸的柳树摇曳着柔姿。湖面上，碎碎的雨滴敲打着湖面，微微的涟漪散满西湖。湖水像多情的少女，细腰柔姿，轻轻起舞。碧绿的水衬着青青的山，细细的雨映着爱美的心。走在堤上，你就好像步入了山水画，而画中的主人公就是你自己。

江南的雨是清洁师。江南的城市干净、空气清新，这和经常下雨肯定有关。雨水裹走了泥土，冲走了烂污，把灰尘逼到了它该去的地方，也把沙尘挡在了外面。下雨之时，走在街上，就好像走在清凉世界里，有纯净、清新之感。

江南的雨浪漫。冬季下雨之时，坐在湖边的咖啡馆里，软软的沙发舒适，暖暖的空调风吹拂，咖啡的幽香飘洒，悠悠的音乐氤氲。窗外，西湖景色如画，雨滴簌簌而下，让人感到舒适和恬淡。当然，如果此时钻进温暖的被窝，和着雨声，打开柔和的台灯，捧一卷诗书，伏尔泰、狄更斯、莎士比亚、李白、杜甫就会和你进行思想的碰撞。这时的你，灵魂高洁、思想升华，人类的精华会在你的心中游荡。

江南的雨真美。

# 杭州的神韵

走遍大江南北，我最爱杭州。

爱杭州，是因为杭州的精神和韵致。

杭州的神韵飘洒在杭城的每一个角落。无论你走近杭州城哪个“犄角旮旯”，你都能看到杭州人的匠心独运，都能读出江南人的精致与和谐。酒楼茶吧、书肆画廊、商家店铺，无不散发着江南的气息。走在杭州的大街小巷，那小桥流水、白墙黑瓦、亭台楼阁的古朴和现代化的高楼大厦、五彩霓虹交相辉映，构成了杭城独有的魅力。漫步杭城，每一步都是诗情画意。掬一捧河水，撷取一片树叶，也许就能读出一首诗。走在苏堤和白堤上，或伫立在湖心岛、阮公墩上，白居易、苏轼那脍炙人口的诗篇也许就会在你的心间流淌。

徜徉在南山路，你感受到的是江南艺术和人文的极大魅力，那里有西湖的山水和天地，有红墙黑瓦的钱王祠，有弥漫爵士乐的海派酒吧，也有充满民间情调、传统风情的茶楼，有西方印象派的艺术品，也有雅致的民间剪纸。我敢说，和上海的衡山路相比，南山路更悠闲、更亲民，更有风情和魅力。漫步在湖滨，从一公园到六公园，你感受的是西湖的水光潋滟和诗情画意。画舫漂泊在湖面，垂柳、松柏、香樟树浓荫覆盖，石函路精舍典雅。这里四季飘逸着沁人心脾的花香，那是流动的诗。踏入北山路，你感受到的是杭州风情和历史的交融。林风眠原址、岳王庙、第一届西湖博览会的旧址、宝石流霞、望湖楼，可以说步步有景，其中流动的是动人的情。还有花港观鱼、柳浪闻莺、苏堤春晓、雷峰夕照、三潭印月、曲院风荷、南屏晚钟、平湖秋月，仅仅从这些如诗如画的名字上，你就可以品味出那幽幽的江南韵味。

杭州的精致来自山。杭州的山都不高，但散发着独特的韵味。每座山都有动人的传说，都藏有自己的故事。孤山带有文艺气息，梅家坞的山带有静谧之意，龙井的山飘有茶香，灵隐寺的山如仙境般梦幻，九溪十八涧的山生有灵气。宝石山静卧在市中心，如和蔼的老人，呵护着西湖。老和山和小和山文气，如满腹经纶的学者，照拂着一个个大学。环抱西湖的矮矮群山身披层层绿装，胖瘦不一，似一群出浴的少女，相互簇拥着，好像争相对着西湖这面镜子在梳妆打扮。山上的每棵小树都被精心地装扮，每一棵小草都被细心地护理。满山的绿色，满山的馨香，随着蜿蜒而上的登山小道、曲径通幽的林荫，缓缓而来。杭城的神韵就刻画在这一草一木之中，杭城的精致就体现在这不经意间。

杭州的神韵来自水。杭城散发的无尽韵味都离不开水，水是杭州的灵魂。虎跑的魅力来自泠泠山泉，六和塔的威风来自钱塘江，龙井茶的名气来自龙井水。还有那千年流动的运河水，那是杭城的血脉。它流淌在大街小巷，也流进杭州人的心窝里，给杭州带来了清纯的水韵。滨河公园依河延伸，百里运河，百里绿色，百里鸟语花香。正因为有水的神韵，所以杭城的茶馆很多，也非常出名。水做道具，沁香的茶调动着人们的味蕾和嗅觉，梳理着人们的情感。坐在茶馆，品茶和观景两不误。你可以欣赏“天堂”的美景，倾听江南的丝竹，“天堂水”滋润着肺腑，身处仙境般的感觉就会充溢你的全身。当然最能代表杭城水的还是西湖。清澈的湖水，微微泛动的波纹，撩动着许多文人骚客的心弦，吸引着许多痴男怨女。徘徊在苏堤的石桥上，撑一把细花阳伞，望一湖烟雨，看来往的画舫，品味矮矮的黛色青山，呼吸桂花的馨香，你怎么不会为做一个杭州人而自豪？

杭州的精致来自饮食。杭州菜又称杭帮菜，历史上分为“湖上”和“城厢”两个流派。前者以鱼虾和禽类为主，擅长生炒、清炖、嫩熘，讲究清、鲜、脆、嫩的口味，注重保留原汁原味。后者以蒸、烩、汆、烧为主，讲究轻油、轻浆、清淡鲜嫩的口味，注重鲜咸合一。而现今的杭州菜肴则是南北口味大交融，与宁波菜、绍兴菜共同构成传统的浙江菜系。走上餐桌，满桌的美味佳肴、特色各异的精美造型、沁人肺腑的清香，真是菜不醉人人自醉，你不流口水才怪呢！杭州誉满天下的一道名菜当是西湖醋鱼。据说这道菜是主人为了炫耀西湖的美而特意为客人准备的。杭州人最喜欢吃的是笋干老鸭煲。每逢冬日，外面寒气逼人，人们浑身冰冷。当一脚踏进餐馆，闻到老鸭煲散发的诱人香味，看到汤上漂着的细润油花、升起的腾腾热气，你说你那时的感觉会是什么？杭州最著名的餐馆，莫过于楼外楼了。它面朝西湖、背依孤山，紧邻平湖秋月，白堤穿行在脚下。楼外楼富有水的气息，又吸纳了山的灵韵；有浩浩圆月的衬托，又汲取了中外文化精髓；室内金碧辉煌，高朋满座。历史上的一些名人都曾在此宴请宾客。对于杭州的精致，楼外楼可以说是一个代表了。

杭州没有上海那样的奢华和喧闹，也没有那种现代化的气派。晚上，站在黄浦江边，遥望东方明珠电视塔，看着外滩的熠熠灯火，你会为这个城市的雍容华贵而自豪。而杭州更多的是悠闲和潇洒。杭州没有那种为生活终日奔波和拥挤的节奏，也没有要转多路公交车才能到达目的地的烦恼。每逢周末，西湖周围就成了悠闲的杭州人的天下。他们或全家一起，或三五朋友，支顶帐篷，席地而坐，把大包小包的东西拿出来，一天的悠闲时光就开始了。仰望青天，沐浴阳光，满眼绿色；呼吸清新的空气，当一天渊明公，大家其乐融融。这对杭城人来说太容易了。难能可贵的是，人们不用出城就能体验到这种生活。杭州常年淹没在芬芳和绿色之中，就连空气中弥漫的都是清新。杭州人似乎更充实、更悠闲。

杭州没有北京的古朴和大气。杭州是谦虚的，她也关心国家大事，也关心世界角落发生的事情。如果把北京比作一个大气豪放、热心国家和世界大事的大家闺秀，那杭州的精致和谐、小家碧玉也不失为一种风格。杭州知道自己的魅力在哪里，也知道该如何展现自己的魅力。

杭州和成都都弥漫着浓郁的休闲气息。成都的现代化气息很浓，高楼更高、街道更宽，成都要比杭城更大、更气派。但我总觉得成都自己的特色正在不断消失，而杭城的江南气息仍充斥在现代化的潮流中。

我想，怎么赞美杭城都不过分，杭州的精致和谐就是杭州的魅力，杭州的神韵就在于此。“江南忆，最忆是杭州。山寺月中寻桂子，郡亭枕上看潮头。何日更重游。”白居易的词多次在我的梦中萦绕，我也一直感受着杭城的美。

走遍天下，我还是最爱杭州。

# 冬游龙井

龙井村是我国著名的茶叶之乡。古时候，这里所产的茶叶就是贡品。冬日的一个周末，我终于来到了仰慕已久的龙井村。

龙井村不小，方圆有数公里，被群山环抱着，宛如母亲怀抱中一个熟睡的婴儿。这儿离市区很近，有几路公交车可以直达。这里没有市区的嘈杂和喧闹，只有山村人家的宁静和祥和。安顿好喝茶和吃午饭的地方，同事们就三五成群摆开了龙门阵，也许他们对龙井村已非常熟悉，所以并不打算去看看。我先下了一局围棋，技术特臭，输掉了。为了领略龙井村的田园风光，也为了寻找一点文人的思绪，我离开众人，独自一人步出庭院，信步而下，走进了村子。

村子里的漂亮小楼比比皆是，显出了乡民的富裕和满足，而代表江南特色的老房子已不多了，只剩下几座点缀其间。家家户户门前几乎都有一个烤制茶叶的大锅，明亮的门厅前都有“茶叶自产自销”的招牌。乡村的小楼是精致的，乡村的小路是窄窄的，乡村的空气是清新的，乡村的老乡是和蔼的，乡村的日子是安逸和悠闲的。看着路边茂密的竹林，觑着庭院悠闲的小狗，听着母鸡“咯咯”的叫声，感受着四周弥漫的泥土清香，我仿佛进入了陶渊明的诗句："暧暧远人村，依依墟里烟。狗吠深巷中，鸡鸣桑树颠。户庭无尘杂，虚室有余闲。久在樊笼里，复得返自然。"

穿过了村子，我来到被称为"龙路"的村边小道。龙路长约数公里，盘山而修，是村民们去田间耕作的往返小路。小路不宽，用不规则的乱石随意铺就。路旁有一小溪，路顺着小溪修成，小溪伴着山路而流，弯弯曲曲，蜿蜒而去，很是流畅和谐。沿着小路，立着两排法国梧桐树。踏上小路，真是心旷神怡。我成年后埋头于琐事中，看到的都是火柴盒似的灰色建筑，听到的都是闹市里的嘈杂和噪声，猛地闯进这满目的青山，听着清清的流水，信步在蜿蜒的山间小路，看着路边的层层山茶，别有一番心境。

由于是冬日，再加上天不作美，细细的小雨下个不停，游人很是不多，最初还有数人迎面而来，走到深处，整个小路上就剩下我一个孤客了。我慢慢地走着，欣赏着。抬头望望天，天雾蒙蒙的，灰白参差的云彩慢慢地踱着步子，天并不显得幽深。瞄瞄青山，山不太高，远近高低交错，一路排开；山顶姿态各异，有圆的，有稍显尖的，还有个山顶上面似乎建了个小亭子，远远望去，像个站岗的哨兵。山的顶部都裹着一层薄雾，氤氲缭绕，看上去像是戴了大大的雾帽子。从山脚开始，层层茶树依次往上，铺满了整座山。由于是冬日，树的绿色并没有那么鲜亮，但满目皆绿，还是有几分惹眼。茶树和山林交错点缀，色彩各异。看看路，小路顺着山脚延伸，曲径通幽。小溪不时地横冲路面，转换着方向，时而流在路的左边，时而流在路的右边，只能踩着高出水面的石头前进了。看看水，水清澈透亮，无忧无虑，不停地淌着。伴着树叶的沙沙声，伴着雨滴的嗒嗒声，听着小溪的哗哗声，欣赏着周边的美景，我仿佛走进了有声有色的泼墨山水画里。我前走走，后看看，东瞧西望，仔细地欣赏着，沉醉其中。这时我真想大声地喊，大声地唱，飞快地跑，把自己融入大自然，让自己被这无尽的美丽拥抱。

这里的水无法和长江、黄河并称，但玲珑有致，别有情趣；这里的山也没有泰山、黄山那样壮美，但小巧玲珑，十分悦目。如果黄河、长江代表的是大气，这里的小溪就代表了精巧；如果泰山、黄山代表雄伟，这里的小山就代表了清秀。江南的山水有灵气，显现出小巧和俊美，这里的青山和溪水就该是江南山水的代表吧。我想，如果说黄河的大气润泽了李白、杜甫的墨笔，那西湖的旖旎就牵动了郁达夫、徐志摩的情思。

在回去的路上，我想，如果有二三好友相邀而来，在这条小路上谈论古今中外的天文地理、文学历史亦是一件幸事。

# 苏堤漫游

我喜欢游西湖，尤其喜欢西湖的苏堤。

每隔一段时间，我总要穿一袭简装，骑一辆单车，揣着美好的希冀，独自畅游一番西湖，走一趟苏堤。

我多是从断桥出发，穿过湖滨，经过南山，绕道南屏晚钟，最后来到苏堤。我把游苏堤当成每次短游最丰美的一道菜，放在最后去品味。在我的心目中，苏堤是一个含苞欲放的青春少女，我对她总有一种难以割舍的依恋。苏堤还是天上仙境的一个后花园，不论何时踏上苏堤，总会让我有一种心旷神怡、美在人间的感觉。

远眺苏堤，我以为最美的视角莫过于郭庄。郭庄位于杨公堤畔，夹在曲院风荷和花港观鱼之间，是一名山西郭姓商人建造的一座花园式庭院，庭院不算太大，但位置绝佳。背倚楼台亭榭，似置身于荷花莲叶之中。沐浴着惬意的凉风，闲坐在郭庄的临水阁楼上，如果你这时放眼苏堤，苏堤就是人间最美丽的一道风景。一条蜿蜒的绿色绸带漂浮在远处的水面上，六座起伏的小桥一字排列，婆娑的杨柳随风飘动，如蚁的游客随意走动，烟雨中的苏堤在西湖的映衬下、在绿山的怀抱中，似梦幻仙境、似云中长廊。苏堤、西湖和周围的群山共同绘制成一幅美妙的山水画，而你就是这幅画中唯一的主人公。

苏堤的四季都是美的，在不同的季节，景色也各不相同。来苏堤，春天看花，夏天看绿，秋天看树，而冬天就是看山山水水了。苏堤和白堤齐名，但细加品味，二者的风格还是有些不同的，尽管白堤也有花，也有树，但到了白堤，你关注的多是西湖的秀美风光，而白堤本身却被忽略了。白堤的花、白堤的树是西湖山水的衬托。但在苏堤，花草是主体，西湖成了衬托，碧绿的草地、婀娜多姿的杨柳、绚丽多彩的花朵、蜿蜒幽静的小路，让每一个来到这里的人都感到心旷神怡。和白堤相比，苏堤少了一些文化，多了一点天然，少了一些人工雕琢，多了一些花红柳绿。看白堤是看精致，看苏堤则是看风景。

我以为，苏堤的春天是最美的。每当春意来临，长长的苏堤成了花的世界、绿的世界。树上开的是花，地上长的是花，走在花丛中，置身于花海中，空气中弥漫着花的馨香。粉色的桃花、黄色的迎春花、白色的梨花、红色的茶花，还有不知名的紫花，各色花卉大小不一、形状各异，它们争奇斗艳，交织簇拥，在绿叶的陪衬下更显娇艳，它们共同映衬着苏堤的春天。漫步在春天的苏堤上，心情最好。除去冬天厚重的棉衣，披上多彩的春装，置身于花的世界，汲取花的馨香，只感到天地猛然宽阔，精神为之一振，身体陡然一轻，有一种想飞的感觉。春天的苏堤最蓬勃，五颜六色，争奇斗艳；春天的苏堤也最热闹，万物复苏，自由生长。

苏堤的夏日是最有特色的，也是最吸引游人的。夏日入夜，如果你踏上苏堤，那可真是惬意极了。灰蒙蒙的夜色里，遮日的大树舒展开自己多情的臂膀，或亭亭玉立，或婀娜多姿，一路排开，向远方延伸，给你一种幽深清凉的感觉，大自然用自己特有的热情把你拥进它的怀抱。熠熠的霓虹灯高低不一散落在树丛间，散发着迷人的光芒。凉风扑打着你的面庞，掀动着你的衣袂，吹拂着你的头发，殷勤地抚摸着你的身体，风儿用自己的爱吹走了你一天的疲劳和不快，带给你无限的快意和舒适。婆娑的柳树多情地摇晃着身躯，沙沙的树叶轻声细语，好像在和你诉说。平展的公路上，夜游的客人衣着或长或短，他们随意地踱着步子，不论老的、少的、男的、女的，每个人的脸上都带着幸福和满足。路两旁是大片的松软草地，岸边散落着一些石椅和石凳，不消说，这上面坐着的大多是恋人了。近处的湖面上，层层涟漪卷着波浪，哗哗流水扑打着岸边的石头，一艘艘夜游的画舫静静地移动，湖面上映照着些许灯火。远处，五彩斑斓、灯火辉煌的城市夜景映入湖面，美妙的城市音乐轻轻地飘入你的耳际。多情的保俶塔、大气的城隍阁、矗立的雷峰塔尽入眼底。背向城区，矮矮的青山灰蒙蒙一片，高高的树林稀稀疏疏，漾开的水面闪着光，淡淡的月光笼罩着一切，给你一种静穆、飘飘欲仙的感觉。

这多情的山水，这仙境般的景致，这绚丽的色彩，美不胜收，让你流连忘返。我想天堂般的感觉，也大概如此吧。

美哉，西湖！美哉，苏堤！

# 西湖山雨

江南的七月，天气闷热。如果说江南有缺点，那就是夏天太热了，天天胜似洗桑拿。

一次单位开会，下午中途休会。无聊中我和同事们相约，一起外出散步。

这是西子湖畔一座著名的宾馆——花家山庄，隶属于浙江省人民政府外事办公室，是旅游休闲的绝佳之处。矮矮的青山环抱着几幢白色的建筑，窄窄的小路曲折幽深，高大的树木遮云蔽日。在这里，一汪湖水镶嵌在群山中，鹅卵石铺就的小道环湖曲折，高矮不一的花草簇拥在小道两边。湖中心是一个独立的小亭，雕梁画栋、翘角房檐；短短的栈桥延伸进湖中，湖中的荷叶绽放着笑脸。这里碧树成荫，幽深静谧，花香沁人，没有一个人影，没有半点噪声。漫步其中，你就如同走进静静的佛国天堂，好似丢掉了人世间的烦恼，霎时间心旷神怡。

天慢慢地阴沉下来，闪电开始扑闪，隆隆的雷声近了，树叶沙沙，风儿扑面。同事们说马上要下雨了，都加快脚步赶回房间。我却独自迈着碎步，边走边看。我喜欢欣赏雨中的风景，雨水给西湖山水平添了几分美丽，正是领略自然魅力的最好时候。我怎么能躲进小楼，遗失这份美好呢？

瞬间，瓢泼大雨下来了，我紧走几步，来到小亭，拾一椅子坐下，开始了我和自然的对话。

天空灰蒙蒙的，亮光阵阵。闪电变换着形状，狰狞地去撕扯天空，一会儿如利剑直劈大山，一会儿似长矛直刺天空，肆意地炫耀着自己的威力。几秒钟后，就是惊人的雷声，最初“咔嚓”一声震动天际，山摇地动，直扑人面；紧接着轰隆隆地滚滚而来，由远及近，再由近及远，一个接着一个，显示着惊人的气势，震人心魄。这时的天空就是一个巨大的战场，而雷和闪电就是那叱咤疆场、大战方酣的威武战士。

最远处山色空蒙，灰灰的山影和乌云连接在一起，云在游荡，山在走动。稍近一些，深深的绿色夹杂着灰白，缥缈的云雾缠绕山间。近处，雨点密密麻麻，携手并肩，相簇相拥，竟直扑向大山，树叶啪啪地奏出欢快的乐声。雨帘笼罩着世界。脚下，铜钱大的雨滴落进湖面，掀起无数涟漪，涟漪此起彼伏，形成一朵朵巨大的花。细细的水雾轻抚着我的脸颊，阵阵清风吹动着我的衣袂。天上地下正演奏着一场紧张与欢快交织、严肃与活泼共融的交响曲，而我有幸成为这首乐章的听众。

我长时间地坐在亭中，一动不动，思绪澎湃，心与天相接。我屏住呼吸，聆听着自然的呢喃；我直望远山，窥视着上天的面容。过去，我喜欢在雨中漫步，喜欢在下雨时坐在窗前，捧一卷诗书，一边听雨一边读书；或在夜深人静的时候，钻进暖暖的被窝，一边听雨一边思索。我平素把雨声当成美的音乐来欣赏，把雨当成朋友，和她交流，对她倾诉，让自己在雨中完成心灵的转换。像这样独自在深山，长时间置身于雨的怀抱，聆听雨声，和苍天直接对话，和大山尽情拥抱，还是第一次。我心与天接，感受到了来自世外的清新和平静，享受了一次无比舒心的精神大餐，进行了一次最彻底的自我涤荡，心绪焕然一新。

很多人都喜欢雨，喜欢去沐雨、观雨、听雨，从雨中领略人生，在雨中认识自己。人生就是再顺利，也有不尽如人意的时候。把自己融入雨中，对雨倾诉，是医治心中烦恼的良方。即使你万事无忧，走进雨中，来一次心灵洗礼，也不失为一次享受。雨是人的良友，也是人最忠实的朋友。

雨慢慢地小了，天空渐渐亮了起来，远处皑皑的云雾还在快速流动。花、草、叶子经过雨的洗涤更加翠绿。我神色怡然，精神饱满，迈着自信的脚步，踱出小亭，走进大自然。

# 古越都——绍兴感怀

在浙北，最能代表江南特色的城市除了杭州外，就该是绍兴了。绍兴是越国都城，历史上和作为吴国都城的苏州齐名，其作为国都的历史比杭州要早一千多年。绍兴历史悠久，名人荟萃，素有水乡、桥乡、酒乡、书法之乡、名士之乡的美誉。

我以为，自西而东，自北往南，从南京开始，江南味道是越来越浓的。如果说南京的江南还掺杂了一些北方风气，那镇江、常州就少了些北方味儿，多了些许南方味儿，到了无锡和苏州，就真正有江南韵味了。到了绍兴，这江南味道不仅更浓郁，而且更具当地特色。这绍兴风味就流淌在“状元红”的酒坛里，蕴藏在臭豆腐和五香茴香豆的香气中，记录在鲁迅的文字中，引吭在绍剧里，演绎在鲁镇的社戏中，荡在乌篷船的船桨上。

绍兴城不大，但精致优美，是非常适合居住的地方。我在北方一座历史名城求学时，认识了一个绍兴籍的研究生，一个非常帅气的年轻男子，温文尔雅。有一天，我在公共汽车上看到他身边有一个非常漂亮的女孩，他告诉我那是他的女朋友，从绍兴来看他了。再后来听说他毕业后坚决不留校，一定要回绍兴。当我到了绍兴以后，我才知道他回绍兴的原因。小桥流水，是绍兴的魂魄；粉墙黛瓦、翘角屋檐、古朴的门窗，是绍兴精致的家园；乌篷船、破毡帽，是绍兴的时代象征。富裕、恬淡、温情的生活图景，鲜活地展现在我的眼前。就是我这个北方人，也被这里的美景所感动，以至于动了念头，更何况那些土生土长的绍兴人呢？

要想体验绍兴的味道，最好的办法就是坐船。水是城市的魂，是城市的血脉，绍兴也不例外。无数的小河编织成这座城市的网，流淌到这座城市的每一个角落，尖尖矮矮的乌篷船可以带你到这座城市的任何地方。沈园、鲁迅故居可以从小河上一脚踏进。古老的水门，繁华的闹市，大红灯笼高挂的舞榭歌台，垂岸的杨柳，条条幽静的小道，哗哗流淌的河水，只需数个小时，绍兴的历史和今天就尽收眼底，印到你的脑海里了。

绍兴给人的感觉是安逸。和大城市相比，绍兴并不乏现代化，但她没有拥堵的车辆和嘈杂的闹市，没有难挨的噪声，也没有无法忍受的大气污染和脏兮兮的河流，有的是小桥流水式的恬淡生活，以及深深小巷的轻松悠闲。那小小院落里，挺拔的大树下，弥漫花香的城市公园里，都是写满幸福的现代绍兴人。

绍兴是富裕的。从令人称叹的人均 GDP 和人均可支配收入上，从令人刮目相看的利税和财政收入上，从轻纺城每日的成交量上，你尽可以感受到绍兴的勃勃生机和巨大能量。绍兴所取得的成就，就是放在全国，放在富裕的长三角来衡量，也是名列前茅的。这里没有太大的城乡差别。城市有田园般的风光，有乡村的安逸；而乡村间林立的小楼、溢满花香的小院、整齐划一的现代化公路，以及各种福利待遇和大自然的清新空气，不知羡煞了多少城里人。可以说，乡村比城市更美，更便利，也更经济。

和杭州、苏州相比，绍兴少了几分张扬，多了一分矜持和娇柔。历史上的绍兴，名气很大，名人很多，江南韵味十足，但绍兴没有过多地炫耀自己，而是脚踏实地做着自己的事，过着殷实的小日子，靠着独有的风韵吸引着你、感染着你。如果把杭州、苏州、绍兴都比作女人，那杭州就是时髦张扬的城市丽人，苏州就是端庄典雅的大家闺秀，而绍兴就是一个楚楚动人的小家碧玉。

我以为，绍兴最美的地方该是廊桥了。一座气派的大桥横跨两岸，桥的两侧就是两条对称的廊道。廊桥百余米长，雕梁画栋，颜色朱红。桥的中间有一座二层阁楼，登上阁楼，就可以俯瞰桥下的风景。桥上，凉风习习，空气清新，人影依稀可见，景色赏心悦目。桥下，河水清凌凌的，船儿穿梭，机声隆隆。桥的右边不远处是绍兴文理学院的教学区，一簇簇青色点缀着一座座现代化的大楼，莘莘学子或轻松漫步，或三五成群散坐在绿茵茵的草地上，显得悠闲自得，让人不禁回忆起大学的青春年华。学校的水上花园和喷泉紧挨着河。花园以水为背景，显得简约而清爽。站在水上花园看桥，桥是斜斜的，在蓝天的衬托下，显得恢宏大气、端庄古朴。

桥的左边不远处是绍兴文理学院的楼群。楼房不高，枕河排开。河的两端，垂柳婆娑，绿树成荫，从微开的窗户里不时传来悦耳的琴声。蓝蓝的天、古朴的桥、清清的水，还有整齐的建筑和优美的环境，它们相互映衬，浑然一体，和谐自然，令人心旷神怡，真是人间天堂呀。

我住在杭州，杭州的西湖是美的，所以我很少被别的地方的优美环境所感动。但我真的被绍兴感动了。我喜欢绍兴。

# 沈园叹陆游

自鲁迅故居出来，走下台阶，坐上那尖尖、矮矮的乌篷船，沿着闹市中的小河，晃晃悠悠约十分钟，就来到了沈园。

沈园位于绍兴市越城区鲁迅中路，建于南宋，为越中著名园林。据说，过去的沈园比现在要大好几倍，其气势比现在要恢宏得多。因是一位姓沈的士绅所建，故名沈园。由于园内建有亭台楼阁，设有假山池塘，环境优美，历代文人墨客常来此游览，赋诗作画，吟风颂月。

我想，沈园现在的美名，和它的园林特色已经没有太大的关系，至少我是这样看的。和大多数园林一样，沈园里几幢仿古的楼台迤逦排开，翘角屋檐，窗明几净。园内的池塘清水泛波，鱼儿游来游去。假山真石，绿草如茵，树木茂盛，花草绕径，没有看出特别之处，甚至说还有几分破落和凋零。但园内关于陆游生平事迹的介绍，那雕刻在石上的两首词，还有那一段凄婉的爱情传说，让我观看了许久。细雨蒙蒙的深秋，我徜徉园内，一直在想沈园一千多年前的样子，水边的台榭和美人靠仍在，这是唐琬驻足畅想的地方吗？池塘里小鱼翻转游荡，这是相爱的两人游玩的地方吗？假山奇石、曲径犹在，这是两人吟唱悲歌的地方吗？我走着、想着，历史和现实在我的脑海里急剧翻转，我思绪万千。

陆游文武双全，武能上马击贼，文能赋诗作文。他完美地展现了卓越的才华、绕指的柔情和饱满的爱国热情。

陆游创作力非常旺盛，他辛勤写作一生，及至老年，还是“无诗三日却堪忧”，自言“六十年间万首诗”，他是我国文学史上作品特别丰富的一位大诗人。他留存下来的诗词有九千多首，还不包括散佚的作品和他认为不满意而淘汰的作品。如果加上这些，我想陆游的诗词数量完全可以和乾隆媲美。这是他才华横溢的真实写照。

铁骨柔情的陆游和唐琬在沈园演绎的《钗头凤》，让多少怨男痴女为之倾倒。二十岁时，陆游和唐琬结为夫妻，婚后两人琴瑟和鸣，情深义重，但陆游的母亲不喜欢唐琬，最后两人被迫分离。之后唐琬改嫁赵士程，陆游再娶王氏。十余年后的一天，他们春游沈园，再次相遇。回忆往事，陆游无限悲戚，唐琬也感慨不已。正当陆游默然无语，暗自神伤之际，唐琬送来酒肴，款待陆游。陆游不禁重忆往事，百感交集，就提笔在一堵粉墙上题写了《钗头凤》：

红酥手，黄縢酒，满城春色宫墙柳。东风恶，欢情薄。一怀愁绪，几年离索。错，错，错！春如旧，人空瘦，泪痕红浥鲛绡透。桃花落，闲池阁。山盟虽在，锦书难托。莫，莫，莫！

唐琬见了不胜伤感，也以律和同名词一首：

世情薄，人情恶，雨送黄昏花易落。晓风干，泪痕残。欲笺心事，独语斜阑。难，难，难！人成各，今非昨，病魂常似秋千索。角声寒，夜阑珊。怕人寻问，咽泪妆欢。瞒，瞒，瞒！

此次相遇不久唐琬便忧郁而死。陆游为此哀痛至甚，后又多次赋诗忆咏沈园，写有“城上斜阳画角哀，沈园非复旧池台。伤心桥下春波绿，曾是惊鸿照影来”，表达了眷恋之深和相思之切，也抒发了怨恨愁苦难以言状的凄楚心情。该诗字字含情，句句含怨，感人至深。这是陆游的万般柔情。

陆游看到祖国大好河山被践踏，北方广大百姓被压迫，而南宋小朝廷却屈膝事敌，不思恢复，偏安一隅，于是他就以收复失地为己任。他学习兵书、学习击剑，曾叹曰：“学剑四十年，虏血未染锷。”“切勿轻书生，上马能击贼。”不论官职大小，处于顺境还是逆境，只要有机会，他就会表达收复中原的决心。他受到过重用，也得罪过达官显贵。六十六岁时，陆游返回绍兴生活。此后二十年间，陆游的生活很平静，但他的爱国热情并未减退。在他八十五岁临终之时，他仍有“死前恨不见中原”的遗憾。在绝笔诗《示儿》中，他说：

死去元知万事空，但悲不见九州同。
王师北定中原日，家祭无忘告乃翁。

这首诗让人一咏三叹，至死不悔的决心和执着让多少驰骋疆场的男儿汗颜，这是陆游作为热血男儿的一面。

人有很多活法，陆游的活法让男儿敬佩。

# 悠悠苏州情

“月落乌啼霜满天，江枫渔火对愁眠。姑苏城外寒山寺，夜半钟声到客船。”张继的这首诗让我对苏州魂牵梦绕几十年。20 世纪 80 年代，我曾把自己的新婚之旅定在苏州。在寒山寺外，在沧浪亭边，在古老的运河之滨，都留下了我渴望亲近的脚印。客居江南后，我有了更多的时间去苏州。每一次，我都是扑进苏州，以了却我对苏州那份独特的眷恋。

喜欢苏州，喜欢苏州的小桥和流水。那潺潺的流水，那精致的小桥，总会给外地人世外桃源般的梦幻，苏州弥漫着浓浓的江南风情。喜欢苏州，喜欢苏州那份古朴。当四面八方都在积极地追求现代化时，苏州独守着自己的朴拙，用自己的原汁原味去感动世界。苏州充斥着浓浓的中国古韵。喜欢苏州，还喜欢苏州的精致。那巧夺天工的园林，那美轮美奂的园林艺术，让每一个游览者流连忘返、魂牵梦绕，苏州蕴藏着浓浓的文化风味。

苏州城的魅力来自它的大街小巷。苏州有数不清的大街和小巷，每条街巷，都是一段历史，都是一段动人的传说。观前街，是苏州历史和今天商业繁荣的标志，也是苏州近代工商业兴衰的见证者。观前街地处苏州古城中心地带，因其地处玄妙观前而得名，其名字至今已有 150 多年的历史，汇集了稻香村、乾泰祥、黄天源等多家百年老字号，商贾和财团巨子都为能在这里立足而自豪。地处碧凤坊与太监弄之间的美食街，因苏帮菜而誉满江南。全国重点文物保护单位玄妙观，更以其丰厚的道教文化吸引着国内外的游客。不逛观前街，就等于没来苏州城。

桃花坞，因明代风流才子唐伯虎曾居住于此而得名（这里还有唐寅的坟墓）。它坐落在城区北部，东西数百米长。站在街上，北寺塔尽收眼底。街道极为普通，两旁多是常见的民居，但透过这些古老的灰色民居，你可以想象出当年的繁华。这普通得不能再普通的街巷，却有着一个个极为浪漫的名字，可以勾起人们无尽的遐思。定慧寺巷以临近定慧寺的双塔而得名，还有百家巷、潘儒巷、滚绣坊、凤凰街、金狮巷、西麒麟巷、西百花巷等等，仅仅名字就极富风情，而干将路和莫邪路本身就是美丽的传说。

苏州城的精致来自苏州的园林。苏州的园林很多，其历史可上溯至公元前 6 世纪春秋时吴王的园囿。明清时期，苏州成为中国最繁华的地区，私家园林遍布古城内外，现在保存尚好的还有数十处，像拙政园、狮子林、网师园、留园、退思园、虎丘等都很有名。园林过去是达官贵人露财显富、争奇斗艳的标志，现在却成了人们休闲娱乐、享受美景的好去处。苏州的园林艺术与中国的文学和绘画艺术有着深远的渊源，以小巧、自由、精致、淡雅、写意见长。园林宅园合一，个个曲廊相连，迂回连绵，通幽度壑，秀色迭出，互相对比映衬。那假山真水的合趣，那曲径通幽的蜿蜒，那楼台水榭的环抱，那碧水清幽的沁人，搭建出人间最美的景致，勾勒出美轮美奂的造型艺术。每去一次，我对苏州就有更深一层的体会。苏州，让每一个游人都流连忘返。这精致的园林让苏州赢得了“人间天堂”的美誉。

苏州城的美丽来自苏州的水。苏州，别称姑苏，自古以水闻名于内外，素有“东方威尼斯”之称。人人都说苏州好。杏花春雨、小桥流水吸引了许多游客来探访水巷深处的苏州。苏州地处江南，江河湖水、港汊河道居多。城区内小河蜿蜒，缠绕着城市，弯月小桥横跨两岸，小河枕着街市，街市也伴着小河，整个城区就如水的世界。苏州的水主要来自运河干流，而后汇聚成苏州外围的护城河，再由护城河接入苏州的大街小巷。古诗云：

“君到姑苏见，人家尽枕河。古宫闲地少，水港小桥多。”数不清的水涤荡着苏州，也滋润着苏州，让苏州城变得光洁透亮。苏州水有多长，苏州的历史就有多久。

苏州城的美丽也源于苏州的小桥。苏州水巷多，桥也多。沿着一条碎石铺成的小路拾级桥上，桥下一叶小船飘然而过，近处是含情脉脉的一弯碧水，远处是杨柳堆烟的庭院人家。这样的场景，初到苏州的人看过一眼后就会醉倒。悠悠千载的苏州建造了数不清的桥。唐朝诗人白居易就曾这样描绘过苏州的桥：“绿浪东西南北水，红栏三百九十桥。鸳鸯荡漾双双翅，杨柳交加万万条。”可见，远在唐代，苏州就已经是一派小桥众多、景色迷人之地了。苏州的古桥，都有美丽的名字。有以人命名的，如陆侍郎桥、周太保桥、李师堂桥、三太尉桥；以事物命名的，如渡僧桥、饮马桥、过军桥；以方位命名的，如子城后桥、朱舫宅前桥、雍熙寺西桥；以祈愿命名的，如普济桥、积善桥、乐安桥。苏州的每一座桥，都有它独特的风姿与神韵：乌鹊桥古风质朴，是苏州城中最古老的石拱桥。枫桥闻名遐迩，承载了丰富的文化内涵，不知迷倒了多少文人骚客；吴门桥高耸屹立，是仅存于古城遗址内的一座桥；引静桥小巧玲珑，被人称作古桥中的“小家碧玉”。苏州的桥实用，艺术感强，它们千姿百态，散落在水乡古城四处，点缀着古城，向人们诉说着苏州的古老和美丽。

苏州城的精巧来自城市的古朴。苏州旧城就是一个古色古香的东方都市。窄窄的街道方方正正，小巷阡陌静静幽幽，矮矮的古建筑鳞次栉比，粉墙黛瓦高低起伏，翘角屋檐错落有致，临街门户窗明几净，这一切都显现出小城的古朴。细细的小河蜿蜒流淌，小巷干净整洁，石板铺就的小道迤逦而去。每家小门虚掩，门缝中透出小院的春色，偶有的狗吠更衬托了小院主人的悠闲和自得。细细的阳光洒进去，让巷子和小院都有了神秘感。我羡慕苏州人的悠然生活。

苏州城是浪漫的，这份浪漫飘洒在苏州的大街小巷，也飘洒在苏州人的语调中。苏州人说话就像唱歌，音调软绵绵的，让人听起来舒服。苏州话，女人说起来更好听一些，几个女人扎在一起，不同的声音交织在一起，抑扬顿挫，高低起伏，欢声笑语，韵味十足，就像在上演一台戏。夜幕降临，走在苏州的街巷上，看到现代化的霓虹灯绚丽夺目，古老的大红灯笼随风摇曳。西装革履随处可见，刺绣旗袍、印花衣服也同样惹眼。彩色的门窗内人影憧憧、灯红酒绿，映衬出了城市的繁荣和奢华。精美的丝绸店、团扇店和现代快餐店比肩接踵，江南的花茶香和西式的咖啡香一起飘在街头巷尾，丝竹和小提琴的乐声此起彼伏。在这座城市，古典和现代有机结合，典雅和浪漫交融，当地特色和异域风情亲密接触，似有中西合璧的美感。

苏州城是富足的。苏州历史上是江南的重心。历史上的苏州富甲天下。苏州人那亮丽的苏绣丝绸和彩衣锦袍，显示出了苏州人对美的追求。那大街小巷的各式轿车，显露出苏州人的富裕；那各式各样、色香味俱佳的苏州饮食和糕点，展现出苏州人生活的乐趣。那散发浓郁古韵的丝竹和评弹，奏出的是苏州人赞美生活的乐章。那临街而建的漂亮的小屋和洋房，显示出的是苏州人对美好生活的追求。

有人说苏州城有点破，太旧，缺少现代化的气息。殊不知，苏州的神韵和魅力就在于此。试想，那千千万万的中外游客涌到苏州，不就是来感受苏州那古老而幽静的街市，来体验苏州那数千年的幽幽之情吗？如果苏州没了这份古朴，没了这份“破旧”，那苏州也就失去了傲立于世的那份美丽，就不会有今天的浪漫和多情，就不会有古今的和谐与神韵。如果把苏州比作一个女子，那苏州就是一个浪漫多情且具有东方古典气韵的小家碧玉。

苏州城是古老的。苏州城是浪漫的。

苏州人的好生活来源于苏州人的聪明和勤奋。

我爱苏州，也羡慕苏州人。

# 原味的江南古镇

江南好，好就好在那古朴的江南韵味。江南的名望，除了来自一些名城，还得益于那些散落于江南各个角落的小镇。这些镇子，如斑斑星点，映衬着江南，给美丽的江南平添了几许光彩，给充满魅力的江南增了妩媚。和北方的小镇不同，江南的小镇都是水乡，小街小巷都是依水而建。街前，青青的石板路蜿蜒；街后，流淌的河水缠绕而过。乡民临水而居，前屋后院尽枕河；打开窗户，那小河的风景就映入眼帘，吱吱的摇橹声，小商小贩的吆喝声，吴侬软语的招呼声，夹杂着孩子的叫喊和姆妈的斥责，交织成了最典型的江南民俗“音乐”，反映了世世代代江南民众的日常生活。广义上的江南名镇，还包括安徽和江西的一些村镇，如安徽的西递村和宏村等。现在江南小镇开发得越来越多，如缙云古镇、新场古镇、海盐古镇、遂昌前童古镇、富阳龙门古镇等等，都是近些年才出名的。其中最具代表性的是六大古镇。江南的古镇，以“水”文化和“古”文化为交点，“水”和“古”成了这些小镇的灵魂，有着“留存历史风貌、激活现代功能”和“生态居住”等鲜明特点，是中华文化中不可多得的遗产。江南的每一个镇子都有自己特色，都有一段说不尽的传奇历史，都有自己津津乐道的历史名人，都有引以为豪的瑰宝。例如，神州第一水乡——周庄、梦里的水乡古镇——西塘、东方威尼斯——同里、最具文化气息的水乡古镇——乌镇、难忘的古镇——甪直、曾经最富庶的江南古镇——南浔、吴文化的聚宝盆——木渎、掩映在现代都市下的古镇——朱家角、香雪海的故乡——光福、感受绍兴民俗的最佳场所——安昌。这些镇子中，以江苏的周庄、同里，浙江的乌镇、西塘最为有名。

在我走过的镇子中，我以为西塘古镇最美。因为很多古镇已经多了些许商业气息，甚至现代化气息浓厚，缺少了百余年前的那种味道。而古镇西塘，以古朴、原汁原味的江南民风著称。走进西塘，那几十年、上百年的老街老屋，那曲曲悠长的廊棚，那围坐的乡民、渺渺的炊烟和缠绵的韵味让人留恋。徜徉在流淌的小河边，看着一边劳作一边闲聊的居民、造型各异的石板小桥，听着吱吱的摇橹声，走进挂满红灯笼的翘角瓦屋及长长的回廊，就如同走进了一幅祥和、安逸的江南居民图。鸟瞰西塘，薄雾似纱，两岸粉墙高耸，瓦屋倒影。傍晚，夕阳斜照，渔舟唱晚，灯火闪耀，酒香飘溢，人影憧憧。站在吊脚楼上，望着河道上的小船，看着摇曳的大红灯笼，听着人们的喁喁私语，可以感受到和大都市完全不同的风情。整个小镇典雅和浪漫同在，温馨和欢乐共存，似诗如画。身处其间，恍然桃源仙境。西塘的美景丰富着人们的观感，让人流连忘返。建镇以来，西塘已经走过了 600 多年，在江南的水乡古镇中其历史算是短的，不过其完整的明清古建筑却是在其他江南水乡古镇中难得一见的。几乎所有的人都称西塘是“活着的千年古镇”。

和其他小镇相比，西塘没有被过度开发，留存的是最原始的味道，没有过多的人造景观，也没有露骨的商业气息。她原汁原味，散发着江南最真实的美，保有人类最古朴的本色。西塘历史悠久，人文资源丰富，自然风景优美，是吴越文化的发祥地之一。西塘早在春秋战国时期就是吴越两国的相交之地，故有“吴根越角”和“越角人家”之称，到元代初步形成市集。西塘坐落在水网之中，这里的居民惜土如金，无论是商号还是民居、馆舍，其间距都压缩到最短，由此形成了 120 多条长长的、深而窄的弄堂，长的超过 100 米、窄的不到 1 米，形成了多处“一线天”。与此同时，街道弄堂的名称均体现出古镇商贸的繁荣和弄堂的特色，如米行埭街、灯烛街、油车弄、柴炭弄、石皮弄等，这与当年的商贸等都有直接关系。西塘，以临河而建的沿街廊棚最为引人注目。这里的街道临河而建，商铺的生意就在河边达成。往昔，水乡农家的出行以河为道，以舟代步，许多交易只能在船上岸边进行，为此，一种连接河道与店铺又可遮阳避雨的特殊建筑——廊棚便应运而生，并代代传承。实用的廊棚是水乡特有的建筑，西塘至今保存着 1300 多米长的廊棚——已变成当代人赏古、探幽的休闲地。西塘是个平民化的小镇，所有一切都非常朴素，没有周庄的繁华，没有南浔的富甲之态，没有浓厚的商业氛围，但是西塘的独特魅力令旅者陶醉！有人说西塘太破，好似没有整理过一样。其实人们去西塘看什么？不就是看看那原有的江南小镇吗？如果西塘也大力开发，盖出鳞次栉比的高楼大厦，修造出宽敞的公路，那还有必要去西塘吗？如果西塘也大力人工化，把那些古老的建筑彻底翻新，使之呈现一片现代化的繁荣景象，那还有必要去西塘吗？西塘的韵味，就在于古朴；西塘的魅力，就在于没有雕琢的痕迹。其实，西塘也在翻新，也在保护。但西塘的开发有一个前提，就是雕琢而不露痕迹，修葺而不露新样，一切照旧，尊重历史、尊重居民。西塘也在发生变化，但这种变化不是赶走原有居民，重新再造一个新西塘，而是保持原样，让居民和游客和谐相处，让游客穿行于居民之中，让游客与居民近距离接触，感受那原汁原味的江南。这既是西塘的创新，也是西塘的守旧。这种模式让更多的人看到了原有的历史，而不是“翻新后的历史”。

谁也不曾想到在杭州这个现代化的大都市内还隐藏着一个古朴原始的小镇——西兴古镇，小镇方圆不足 1 公里，位于萧山城区，是杭城有名的灯笼之乡和编织之乡，号称“千年古镇，诗意西兴”。小小的古镇宛如一颗明珠镶嵌在高楼大厦内。和其他古镇一样，蜿蜒的河水缠绕着小镇，家家门前尽枕河。宽窄各异的小桥，高低不平的石板路，曲折幽静的古巷，粗大威武的香樟树，白墙黑瓦的骑马墙，各式翘角小楼，还有安逸的村民和遍布的茶肆，构成了江南水乡的特有风光。唯有一两声狗叫和推车的吆喝声，才会打破小镇的宁静，让小镇多一点点动感。河边村妇的捣衣声，胡同里偶尔传出的吴侬软语，会让你感受到江南水乡的迷人之处。小路边那一扇扇房门内，闪动的是勤快的主妇，端坐的是幸福的老人，摆放的是古朴的家具，还有偶尔的嬉闹，这些让我这个都市人羡慕无比，让我感受到了恬淡与安逸。这正是长期生活在高楼大厦中天天为生计而奔波的都市人所梦想的生活。丰富多彩的人生之路上，不仅要有现代化的气息，也要有历史的厚重感。西兴古镇，就是你回顾历史的地方，也是汇聚“诗和远方”的地方。

杭州郊区的瓶窑镇距市区 20 多公里，是古代杭州烧制陶瓷官窑的地方，古时又称“亭市”，盛产竹笋和蚕丝，曾是杭州历史上闻名的街市之一。著名作家郁达夫曾驻足这里。镇子面积不大，用不了半个小时就可以逛完。它被苕溪水一劈两半，两岸风光各有特色。北边是小镇的文化中心，有个小广场，各种店铺绕着广场依次排开，酒旗招牌迎风摆动，充满时代特色的新华书店、电影院、百货公司、图书馆也屹立在此。而南边就只有几排居民和饭店了。整个小镇依山而建，一幢幢小楼高低错落，白墙黑瓦映射出典型的江南韵味。青石板铺就的小路和台阶迤逦蜿蜒，曲径通幽，连接着大门，大红灯笼高高挂起，颇有喜庆之气。沿着石板拾级而上，可以进屋，可以上山，可以在袖珍的花园里驻足，别有风味。家家的小院里或搭一葡萄架，或建个小亭，架下桌椅一围，旁边种满了各种花草，陶瓷缸里游动着金鱼。微风吹拂，香味扑鼻，惬意极了。小镇人非常朴实好客，做生意不欺客、不欺生，货真价实，物美价廉。你遇到的每一个小镇人都会送上甜美的微笑和足够的信任，让你的好感油然而生。由于不是周末，小镇静悄悄的，漫步在小巷间，听着小巷里的吴侬软语、爽朗的欢笑声、几声越剧高腔，瞅着门里乡民们手里的花茶，富足惬意的生活就呈现在眼前。这甜美惬意的轻松生活，真能勾起我对闲云野鹤的向往，令我羡慕。人生到这份上，也算是值了。

这就是江南小镇的魅力。小镇的形象传递出了江南人的智慧，是富裕起来的江南居民的缩影。来江南，不能不看古镇。

# 江南古镇——新市

大年初五，我兴致勃勃地来到新市逛庙会。

新市镇坐落于浙江省德清县境内，距县城约 20 公里的样子，已经有 1700 多年的历史。

整个新市小镇沿运河而建，河道如网，水街相依。千米长廊沿运河迤逦排开，曲径婉转，错落有致。纵横的溪塘穿街傍市，溪上众桥飞跨，塘畔绿树成荫，河中舟楫不绝。檐廊下，欢笑的人们比肩接踵、熙熙攘攘，吴侬软语悦耳动听，各种小吃刺激着你的味蕾。小商贩的吆喝声，游客的欢笑声，小孩子们的嬉笑打闹声，夹杂着吱吱船橹声，构成了一支美妙动听的小镇交响乐。人们闲坐在河边，围一方小桌，或饮一杯香茶，或嚼些干果，幸福与惬意洋溢在脸上。在这里，约三五好友嗑瓜子、喝龙井，聊聊天、发发呆、晒晒太阳，就能赶走不快和疲劳，幸福感就会充溢全身。一天很快就过去了。

小镇最精华的部分是仙潭。仙潭就是三条小溪的汇聚地，呈三角形，大约半亩的样子。围绕仙潭，寺、桥、弄连成一片，景致小巧，古树遮阴，商贾云集，房肆比肩而邻。如果坐在美人靠上，迎着微风，吴侬软语随风入耳，惬意之感就会溢满全身。“人家两岸柳阴边，出得门来便入船。不是全无最佳处，何窗何户不清妍”，正是对仙潭的写照。

小镇自古繁华，可以说是一个古建筑博物馆，明清古屋比比皆是，至今还在使用，有的是商铺，有的是饭店，有的是酱铺，有的是茶肆，有的是寺庙，有的是民居。小镇中的明清宅居群、觉海寺院、太平桥、状元桥、钟楼弄等最为有名。

新市地处运河之滨、江南腹地、吴越交通的要冲，这里民风质朴，人才辈出，商贾云集，经济发达富足，少有战事。南朝著名道学家陆修静于此筑楼读书。流连其间，空气中飘荡的是祥和，人们脸上写的是满足。那一幢幢二层小楼，流淌的全是历史。那一座座深宅大院，告诉你的全是名人传说。

小镇最著名的两家是高家和钟家。两家喝着仙潭水长大的孩子，成年后又走出小镇，为国家做出了自己的贡献。高家代表人物为高石麟（1897—1984），原籍浙江德清新市，求学于仙潭书院、之江大学、沪江大学、教会学校，后久居无锡，任无锡市宗教联合会副主席。他擅书画、工山水，曾在城中公园同庚厅举办个人画展数次，与同代著名画家诸健秋交往甚密。其长子高天恩和次子高天庚也颇有建树。

钟家的代表人物就是西安交通大学著名教授钟兆琳。钟兆琳（1901—1990），少时就读于仙潭小学，后成为我国著名的电机工程专家、电机工程教育家，中国科学院院士。20 世纪 30 年代，钟兆琳指导并参与研制了我国第一台交流发电机和电动机，促成了我国第一家民族电机制造厂。他成功设计了分列芯式电流互感器、频率表、同步指示器等仪器仪表，并长期承担教学工作，其启发式教学方法深受学生们的欢迎。他从事教育 60 余载，学子遍布海内外，为我国教育事业做出了重要贡献。

新市除展现出江南的一些风采外，也有自己的特色。每年清明，蚕农们都要举行蚕花庙会，祈求蚕神为蚕宝宝祛病祛灾，赐丰产年。庙会这天，新市邻近县镇的蚕农都会涌到古刹觉海寺、司前街、寺前弄、胭脂弄、北街一带，佛教信徒前往灵前山拜佛，祈求五谷丰登。农村妇女怀装蚕种，头插各式蚕花，引得人们前来观看。庙会结束后人们就开始春耕育蚕。这儿还流传着许许多多神奇的故事，这些有趣的故事为古镇蒙上了神秘的色彩。张一品羊肉和茶糕享誉国内外，清晨的古镇常常充满美食的香味。有人说，这是一个具有名家工笔画风的古镇。这就是江南古镇新市，一个充满故事的诗意小镇。

# 黄桥古镇游

好友推荐去黄桥古镇游玩，说那是一个很有特色的镇子。又因为科研的需要，我原本就想找一个地处长三角的乡镇做一番考察，体验一下江南农村的真实生活，所以趁暑期，我便去了黄桥古镇。

原本我对黄桥的认识很肤浅，主要来自影视剧对黄桥决战的演绎，也从书本上知道了陈毅和粟裕在那里指挥的七战七捷。通过黄桥决战，我知道了黄桥的烧饼。在中原，我曾尝过黄桥烧饼，那是用烤箱烤出来的椭圆形的饼子，薄薄的，黄澄澄的，上面撒满了芝麻，有甜咸两种口味，吃起来颇有滋味。我经常会从那里路过，买几个黄桥烧饼带回家品尝。从烧饼里，我感受到了黄桥人的聪明。

我先是落脚到泰州，然后乘车前往黄桥，大概一个小时。一路上，我贪婪地望着窗外，仔细地观察着，不想放过任何一个细节，想用心去感受这片英雄的土地，领略她最真实的魅力。鳞次栉比的乡村小楼，宽阔流畅的高速公路，郁郁葱葱的绿色大地，连绵不断的工地厂房，都告诉我这是一片富庶的土地。

黄桥是一个千年古镇，位于江苏泰兴境内，约有 10 万人，占地 72 平方公里，是泰兴市第一大镇。黄桥南濒长江，北接姜堰，东连如皋，区位优势明显，交通四通八达，是苏北苏中地区通往上海、苏杭等地的重要门户，世称的“三泰”即指这里。在黄桥的2天，我领略到的是2个截然不同的黄桥：站在繁华的街道和路口，我看到的是今日现代化的新黄桥；置身于窄窄的胡同和古老的深门大院里，我感受到的又是一个古色古香、具有绵绵历史的古老黄桥。

徜徉在繁华的大街上，黄桥的现代化设施比比皆是。街道纵横交错，一派繁荣景象。楼房虽不太高，但整齐干净，布局合理，坐北朝南，方方正正。商店虽不太大，但货物齐全，商品琳琅满目。酒肆一个挨一个，时装店、鲜花礼品店、家电店、音像店、新华书店、大小酒店等都装潢考究，悉如都市。街道虽不太宽，但车水马龙，人来人往，熙熙攘攘。入夜，整个镇子更是灯火辉煌，主要街道上各种霓虹灯、彩灯交相辉映，劳作一天的人们穿着入时，迈着步子悠闲地走在街上。他们的脸上洋溢着幸福和满足。在我看来，与其说黄桥是个镇子，不如说是一个县城，它没有农村的气息，没有炊烟袅袅，没有耕牛哞哞，也没有大片农田，有的是现代化气息，甚至比许多县城更有味道。

步入黄桥古巷，就如翻开一页页的历史画卷。黄桥的小巷很多，可以说是小巷构成了古镇。小巷是镇子的骨骼和血脉。小巷越深幽、越蜿蜒、越斑驳，小镇越久远，历史的沉淀就越深。黄桥镇的小巷多达72条，如单名的有米巷、珠巷、口巷、火巷等，以姓氏冠名的有孙家巷、罗家巷、王家巷等，可以说每一条小巷都记录着一段古老的历史。小镇的不少名胜古迹就隐藏在小巷里。小巷如线，串起了丁文江故居、丁西林故居、千年古刹福慧禅寺、何氏宗祠、秋岩图书馆等粒粒珍珠，它们见证了小巷往日的繁华和喧嚣。当年陈毅、粟裕就是住在黄桥的米巷指挥了名震中外的黄桥决战，著名的黄桥烧饼也是从72条小巷深处走向全国的。

徜徉小巷，放眼眺望，只见墙檐相接、鳞次栉比，白墙黑瓦、悠长深邃。为了满足一下自己的好奇心，我走进了深深小巷中的一个院子。深深的宅院静悄悄的，斑驳的翘角房檐、破旧的刻花门窗衬托了宅院厚重的历史，颇有沧桑之感。很多门窗已经没有油漆了，破旧的窗上糊着一层又一层白纸，那磨成弯月状的门槛向人们诉说着它的沧桑。一溜五进的院子相互毗连，显出了宅子先前主人的富裕和张扬。很多房屋已经没有人居住了，只有不多的几间房里还有几个老人在晃动。主人非常好客，带领我参观了院子的角角落落。他告诉我，这进院子已经有 150 多年的历史了，是有钱的祖上留下来的一笔遗产。由于多年失修，才变成这样子的。年轻人不喜欢这破落的地方，都搬出去了，只有这些老人恋旧，不愿离开这里。我长时间地驻足观赏着，看着这里的一切，不时地提一些问题，想努力读出黄桥古老的历史及其本来的面目。

黄桥的四大姓分别为何姓、韩姓、王姓、丁姓。历史上何家就出过 4 名进士、10 名举人，更不用说秀才了。丁家有中国科学院院士丁文讲、近代著名戏剧家丁西林等。何家现存的宗祠是一个颇具古典和现代特色的 2 层小楼，里面写满了何家近现代的名人事迹，记录了何家的骄傲。王家大院是当年新四军在黄桥的司令部，陈毅和粟裕曾住在这个大院子里。院子是典型的四合院结构，轩廊回环，方方正正，整个院子气势恢宏。这些名人和建筑，都让今天的黄桥人引以为豪。

到黄桥不能不说黄桥的烧饼，漫步在黄桥的街市上，烧饼店比比皆是，最多的时候有 300 多家。那满盆满钵盛的都是面粉，面块在伙计的手里来回翻腾，霎时就变成了一个个小小的面团；包上调料，压成面饼，撒上芝麻，剔上刀花，一个个白白的烧饼坯就做成了。满满的砧板上整整齐齐地排放着很多面饼，很好看。热腾腾的炉子里，溜贴着许多烧饼。在火的烘烤下，烧饼慢慢变黄，散发出诱人的香味，我最喜欢烧饼刚出炉的样子，个个黄澄澄的、酥酥的。烧饼诱人，放进嘴里，很有嚼头。黄桥烧饼经过发展和改进，种类繁多，已形成很多系列。小的如柿饼，包装一下，可以作为礼品送人。大的则如面盆，可以切开零卖。形状以圆形居多，也有长方形和椭圆形的，多是薄薄的，有的比面包还要大一些。黄桥的烧饼随着黄桥的名气走向全国。

21 世纪初，黄桥开始举办烧饼节，并在镇中心建起了一个现代化的黄桥剧院。随着烧饼节的举办，黄桥的名气越来越大,《黄桥烧饼歌》越唱越响，歌曲也从激励人们打仗的鼓点曲演变成了今天黄桥烧饼的活广告。“黄桥烧饼黄又黄哎，黄黄烧饼慰劳忙，哩！烧饼要用热火烤哎，军队要靠老百姓帮。同志们呀吃个饱，多打胜仗多缴枪！嗨呀依哟嗨嗬咳！多打胜仗多缴枪！依呀咳！黄桥烧饼长又长哎，长长烧饼有分量，哩！烧饼一口吃不下哎，敌人一下打不光。”这首歌的歌词简单，道理浅显易懂，有着明显的时代烙印，成了黄桥人的保留曲目。

走到今天，黄桥这个千年古镇依然散发着美丽，还是那么生机勃勃，黄桥也正加快步伐向前迈进。它的大街已与现代化的都市别无二致，建筑风格也趋于现代化。而能体现小镇古朴风貌的小巷却一年比一年少了。我认为，黄桥的魅力、黄桥的明天不在于新建的高楼和宽敞的马路，而在于黄桥的小巷，其历史、文化、人文内涵越深、越厚，小镇就越有魅力。

但愿黄桥散发的醇香韵味长长久久。

# 浪漫风情的吊脚楼

中国有个湖南，湖南有个吉首，吉首有个凤凰城，迤逦的沱江绕着凤凰城，那一座座浪漫风情的吊脚楼就静静地卧在美丽的凤凰城墙脚下，盘旋在悠悠沱江的两岸，形成了别具一格的独特景观。

凤凰城的吊脚楼都是木质结构。在沱江的岸边立上几根柱子，用于支撑楼身，将树干榫头勾在一起，用木板围做楼身，再做好门窗，一个吊脚楼就成了。楼的颜色都是木材本色，多是深色，有的刷上了黄色的桐油。仅仅一个吊脚楼其实并不起眼，但无数个吊脚楼沿着江边蜿蜒排列，高低不一，那吊脚楼就活起来了，有了动感，有了灵性。远远望去，吊脚楼就是边城人的生活写照。

走进吊脚楼，里面房间的隔断和内部结构都不一样，给人以新奇感。一般来说，楼的第一层多是主人营业和家人居住的地方，第二层以上就是宾馆了。宾馆的房间小小的，但确实是干干净净的。正因为小，所以才有私密性和安全感。正因为干净，所以来往的游人更钟情于这具有浓郁民族特色的民间小楼，领略大都市见不到的风情，领略难得一见的边城风光。

吊脚楼是安静的，不张扬，不高调。她们没有男人的那种粗狂和夸张，有的只是女人的温柔和祥和。一座座小楼静静地卧在江边，恰似一群少女扎成一堆，喃喃细语，议论着邻寨的小伙；也似一群老态龙钟的老太，围坐在一起，诉说着自己的家事。这里没有高声喧哗，没有城市噪声，有的只是南腔北调的问候和讨价还价。

吊脚楼是温馨的，尤其是在夜晚，各色霓虹灯勾勒着小楼的轮廓，装饰着一座座小楼，整座山城成了五彩缤纷的世界。苍穹下，它们星罗棋布。夜晚上海外滩的灯光是很美的，整体展现出一种大气，大家领略到的是一种现代化的时髦和华丽，而凤凰城的夜晚多是小家碧玉的美，是一种精致，是一种可以亲近的美。北京天安门的灯海无疑是庄严的，是雄壮的，和其地位是相称的。但凤凰城夜晚的灯光如星火，所以更易亲近。漫步其间，感觉就像走进了神仙的世界，而你本人就是神仙。

吊脚楼是浪漫的。夜晚，关上房间的灯，一袭简装，坐在高高吊脚楼的阳台上，置身于黑暗中。望着山坳中的小城，看着仙境般的灯火和深幽的天空，俯瞰幽幽的沱江，沐浴着凉凉的江风，就会感到心旷神怡。这里没有闹市的嘈杂，没有尘世的烦扰，有的只是田园风光和大自然给予的恬静。

吊脚楼是多情的。不论男女老少，来到凤凰城，都会被吊脚楼的美景吸引，让大家浮想联翩。住一夜吊脚楼，品一下土家菜，逛一次民俗街，买几个纪念品，尝尝凤凰城葛粉的美味，身心舒畅。其实吊脚楼的浪漫还在于她有沱江的相伴，有飞跨沱江的虹桥，有古代的东门和北门古城楼，有长长的青石板街道，有朝阳宫、天王庙、大成殿、万寿宫，还有熊希龄和沈从文。清晨，薄雾蔼蔼，整个城市弥漫于雾气中，蜿蜒的沱江哗哗流淌。站在吊脚楼的阳台上，能够看到晨泳爱好者矫健的身势，他们轻盈而灵动，搅动着江水，令人敬佩。

土家吊脚楼，是寄托我情思的地方，也承载了我浪漫的回忆。我多次梦回吊脚楼，在吊脚楼上看风、看雨、看景，思考我的人生。

# 风情旖旎的桃花岛

舟山桃花岛的名气，大概源自金庸先生的武侠小说。但桃花岛的神奇和美丽，却没有在金庸先生的小说里体现出来。

在一个桃花盛开的季节，我和友人们来到了向往已久的舟山桃花岛，开始了我们的休闲之旅。由于不是旅游旺季，偌大的桃花岛游人很少。白天的桃花岛静静的，矮矮的青山中点缀着几座欧式别墅，蓝蓝的天空中几朵白云踱着碎步。和江南很多的乡村一样，这里倒也没有出奇中的美丽。

我从小就喜欢大海，曾梦想要挑选一个临海的城市生活一辈子，但由于种种原因，定居在靠湖的城市。尽管靠湖的城市也很美丽，但由于没有海，总是有几分遗憾。到了中年，我对大海的眷恋仍不减，对大海的感情依然强烈。只要有机会，就喜欢到有海的地方走走逛逛，也曾到几个海滨城市游玩过。但真正意义上听着涛声畅想，伴随着涛声入睡，看着大海的波浪进入梦乡，还是第一次。

为了领略桃花岛的风光，我们选择了离海最近的民居。洗去纤尘，换上轻装，拉开阳台门，扑面而来的就是大海的味道。我站在阳台上，久久地望着大海，尽情地呼吸着海的气息，感受着海的美丽，沐浴着海风，幻想着自己曾经做过的无数有关海的梦。白日的大海，平静，波光粼粼，闪耀着光芒，如一面巨大的镜子，映衬着桃花岛。

夜晚，大海多了几分骄横，那哗哗的浪花扑打着沙滩，涛声显得厚实有力，水声奔腾起伏，浪头一个接着一个扑打在沙滩上，震撼着人们的心灵。和白天相反，夜晚的桃花岛，蕴含着无尽的风情，搅动着人的情思，充满了浪漫气息。我和友人们赤脚下了沙滩、走近大海，站在浪花中去读大海。

整个沙滩静悄悄地，靠着海水的反光，朦朦胧胧可以见人。这时的我们，心静如水。我们忘却了闹市的喧哗，忘却了人生的烦恼，心与天接，好似进入了纯净自然的世界。抬头，茫茫的宇宙苍穹无边，点点的繁星眨着眼睛；远处，矮矮的青山静卧，似在呵护着大海和我们；低头，海浪不断地亲吻着我们的双腿，打湿了我们的衣衫。凉凉的海水抚触着我们，净化了我们的心田。我和友人们相互戏谑、打闹着，长久地待在海边，和大海对话。这时，整个世界好似只有我们，整个世界只回荡着我们的呐喊声，我们就是主宰。我们把自己的心声写在沙滩上，让柔柔的海水收下我们的梦想，为我们做证。

夜晚，我躺在舒适的床上，久久不能入睡。我一直望着大海，听着涛声，看着浪花，透过蒙蒙的细雨，思考着。我在想，人一生中最快乐的事是什么。应该不是花天酒地，不是灯红酒绿，而是去看海和听海，和自己的亲人或朋友同呼吸。人一生中最幸福的事是什么，不是拥有金山银山，不是左拥右抱，而是和自己的亲人或朋友踏沙看夕阳，和他们共进退。人不能求同生，但可以求共生。

细细的小雨飘洒，我们一路走来；湿湿的空气氤氲，我们并肩前进。我感觉此时的海，多了几分温馨，少了几分骄横；此时的涛声，多了几许欢快，少了几分愤怒。此时的海风吹到身上更惬意，此时的细雨落在身上更舒适。人们的心声不一样，心中的海就不一样；怀揣的爱不一样，得到的幸福也不一样。桃花岛，我那蕴含着无尽美丽的小岛。

# 我心中的大海

我终于来到北方名城——兴城，又一次和大海对话。

这是一个初冬的日子，可天气并不见冷，暖融融的。我谢绝了好友的陪同，独自一人来到海滨。由于不是旅游旺季，偌大的海滨几乎没什么人影，静悄悄的，这正是文人感怀浪漫的最好时机。我急匆匆地跳下公路，一脚踏进沙滩，扑进大海的怀抱，心霎时醉了。我从小就喜欢海，做过许多关于大海的梦。在梦中，大海总是五彩缤纷的，而我就是一只轻盈的大鸟，在色彩缤纷的海上遨游。现在又见了大海，怎能不高兴呢？

沙滩顺着大海蜿蜒。沙滩上的沙子细细的，在阳光的照耀下泛着光。靠海的沙滩被海水冲刷得非常平整，不时渗出亮晶晶的海水。沙滩软软的，走在上面很舒服。我尽可能地贴近海水边缘，一溜走下去，平整的沙滩上就留下了一行整齐的脚印。我踱着步子，不断变换着走路的姿势，不时地回头打量自己的脚印，打量平静的海滩。海风慢慢地吹着，吹乱了头发，吹起了衣角，吹进了我的心田，我感到惬意极了，浑身说不出的舒服。我快乐地跳着、蹦着、扭着、唱着、笑着，独自尽情地嬉戏，尽情地发泄。我长时间生活在高楼林立的闹市，看到的是拥挤的楼房，听到的是喧闹的噪声，猛地看到这空旷大海，只感到天地之大。视野骤然开阔，心绪豁然平静，精神焕然一新。

阳光下的大海，坦荡而真诚，蕴含着无尽的风情，通过不同的心态去感受，你得到的会完全不同：它像一个出浴的恬静少女，带有无限的柔情；像一个风姿绰约的少妇，热情而大方；像一个风度翩翩的儒雅男士，散发着无尽的魅力；像一个饱经沧桑的爷们儿，豪放而不羁。远处的海岛隐隐约约浮在海面，几叶小舟在蓝色海水里晃晃悠悠，隆隆的轰鸣声不绝于耳；近处金黄色的沙滩平摊开来，就像一块巨大的地毯，海水翻着白色的浪花冲击着沙滩。清清的海水，无垠的海面，蔚蓝的苍穹，还有迈着碎步的朵朵白云——大海就是一幅多维风景画。海上波浪一个接着一个，海水发出的哗哗声长短不一，就像一首动听的交响乐曲；海水涌起的涟漪不断变化着纹路，连绵不断，延伸到远方。它们在沙滩上留下了各种痕迹，绘制出了最美的线条。

我蹲在沙滩上，静静地望着海，轻轻地掬起海水，清澈的海水在我的手心滚动，又从我的指间流过。海水有点凉，但很舒服。我把手伸进水里，插进深深的海沙里，尽情地去感受大海。我静静地跪在沙滩上，把脸贴近大海，舌尖舔着海水，尽情地和大海亲吻。我用鼻尖触着海水，想去感受海的气息，尽情地和大海亲近。这时，我感到大海就是我心中的爱人，我可以尽情地抒发对她的热爱、对她的依恋。我站在礁石上，极目远望，任凭海风吹过我的身躯，任凭海水扑打我的脚面，此时，我没有了欲望和企求，如大海一般平和、似大海一般纯净。我好像已经融入空气，好像就飘浮在万里海面上，和大海完全相依在一起。

我长时间静静地站在那里，轻轻地和大海诉说着。我仿佛感到了大海的欢悦，那微微的波浪就是大海的笑声；我仿佛看到了大海的无私，那碧波万顷的海面就是大海的胸怀；我仿佛感受到了大海的伟大，那幽幽的海底深处，蕴藏着无比巨大的能量；我仿佛领略到了大海的青春，那跳跃的海浪就是正在演奏的青春乐章；我仿佛触摸到了大海的年轮，那海岸边大大小小的巨石身上，布满了深深的沟痕，没有千百年的冲刷，怎会有今天的模样。

大海，我的朋友。哦，我心中的大海！

# 俯瞰大地

我喜欢坐飞机，我把乘飞机当成一种享受。每每乘飞机，我总要挑选靠舷窗的位置。透过小小的舷窗，我可以纵览浩瀚的宇宙，可以俯瞰茫茫的大地，可以感受大自然的神奇变化，可以领略鬼斧神工的瑰丽世界。

在飞机上看大地，有着和陆地上完全不同的感觉。在陆地上，大山是雄伟的，陆地是广袤的，河流是宽阔的，而个人是极为渺小的。而在飞机上看大地，方圆几百里尽收眼底，大地、河流、高山一下子缩小了许多。它们没有了往日的雄伟和宽广，都变得极为文静，无形中减少了对它们的敬仰和崇拜，多是欣赏和赞美。你会陡然生出主宰大地的豪气，你会自然产生一种“我就是大自然的主人”的自豪感。

南方的山郁郁葱葱，清秀峻奇，层层排开。浓浓的黛色覆在高低不平的山上，而群山像一块巨大的墨绿色地毯，显得厚重。北方的山多呈土黄色，有些山像巨型笼屉里大小不一的馒头；有些山整整齐齐，顺着走势依次排开，像列队的士兵；有些山却没有明显的规则，东一个、西一个，好像被人很随意地扔在了那里。云贵高原的山显得恢宏，江南的山更显妩媚，东北的山大气，闽南的山则清秀。一方水土养一方人，就连这大山也显现出了明显的地域个性。

在这所有的山中，我对泰山情有独钟。我曾五次飞越泰山，多次乘火车擦过泰山，但我还真没有登临泰山。泰山除了极高的自然和人文魅力，还令人敬仰。每次当飞机临近泰山时，我都正襟危坐、屏住呼吸，用最崇敬的心去看它。从飞机上看泰山，云雾缭绕的百里云海、雄伟的泰山尽收眼底。无云时，泰山傲然屹立，袒露着宽阔的胸膛，高低起伏的山岭就像身上的一块块肌肉，若隐若现的道路就像一条条的血脉。泰山棱角分明，结实强壮，气势恢宏，极富魅力。有云时，白云缭绕，妩媚而多姿，在茫茫云海的环抱中，小山峰都好奇地探出自己的脑袋，好像在打量着这神奇的宇宙，颇有“小荷才露尖尖角”的感觉。这时的泰山，神态安详，端庄大方，微微隐藏在蒙蒙的雾气之中，人们不能不为其美丽多情而惊叹。

从飞机上看海和从陆地上看海不一样。也许是俯瞰的缘故，在高空中我对海的感觉不是博大和宽广，而是妩媚和柔情。我感受过北方的海，也感受过南方的海，我这一生，最向往的莫过于大海了，我把大海比作自己心中的女神，我曾圣洁地亲吻过大海。我想我读懂了海的多情，我深深感受到了海的魅力。从飞机上看海，大海像一面巨大的镜子，平整光滑，静静地，没有一丝动感，在阳光的照耀下闪着耀眼的光。海上航行的巨型轮船看起来就像一个个蚂蚁，几乎看不到它们在动，唯有身后犁出的一簇簇浪花，白白的、细细的、长长的，煞是好看。那些无名的小岛在海的呵护下，像一个个熟睡的婴儿，安逸而幸福。海岸线悠长而美丽。

渤海中的蓬莱岛，高贵而优雅，像一个静静的女子，静卧在大海身旁；黄河三角洲，朴实无华，像一个坦荡的山东汉子，守望着大海。北戴河、南戴河、青岛、兴城的沙滩是金闪闪的，日照的海滨浴场是熙熙攘攘的，崂山的珍珠场是繁忙的，闽江、香港、珠海的海滨是优雅的。飞机在吴淞口上空慢慢盘旋。吴淞口是长江入海口，长江在奔腾咆哮了几千里路后，从这里归入大海，滚滚的江水和清清的海水泾渭分明，形成一条明显的分界线。大大小小的渔船星星点点，慢慢移动，吴淞口是繁忙的，吴淞口也是美丽的。

从飞机上看长江、看黄河，长江、黄河更像两条长长的银色绸带，弯弯曲曲，舞动在大地上。她们时而亲近高山，时而盘绕森林，时而徜徉峡谷，时而漫步平原。她们没有丝毫的犹豫，蜿蜒东流。从飞机上看，河水静静地，熠熠生辉，她们没有了平日的雄伟、霸气，但多了几分宁静、几许安逸。江河最动人的地方是在拐弯处，从高空往下望，银色绸带的褶皱在大地上画出一条条美丽的弧线，拐弯处河床较宽，江水闪闪流动，弧线饱满流畅、和谐自然，颇具有感染力。横跨江河的大桥更像积木，小巧精致；江河的交叉处就像久别的姐妹在亲密拥抱，和谐自然。

从飞机上看城市，陆地上的那些巨大的城市变得渺小了，成了一大团看不真切的灰色色块。巨大的建筑物变得只有大豆那么大，年轻人驰骋的巨大足球场变得只有西瓜子那么大，铁路和高速公路成了若有若无的细线。一个个池塘变成了巴掌大的小镜子。白天，当朵朵白云迈着步子掠过机翼，来到城市上空，就似飘浮在城市上空的一朵朵洁白的花。夜幕降临，城市和乡村的区别只有灯光了。看到一片灯火，你就知道这是城市了。

我喜欢俯瞰大地，因为看大地就是在欣赏美丽的风景画。

我喜欢俯瞰大地，因为每俯瞰一次大地，你就多几分做人的自豪！

我喜欢俯瞰大地，因为这是一种艺术享受！

# 机上观云

乘飞机时，我以为最幸福的事莫过于观看云海了。

当飞机在万米高空翱翔时，透过舷窗，一片浩瀚壮观的景象就展现在你的眼前了。头上，巨大的蓝色苍穹笼罩四野；脚下，一望无际的云海浩浩荡荡。在蓝天和云海的尽头，一条细细的白色光环箍在中间，把蓝天和云海分割成两半。你就飘荡在这白蓝相间的世界中。天蓝得近乎透明，空气是那么清爽，无一丝纤尘。白色的云海气象万千，似茫茫的雪域高原，凝聚着无穷的力量，展现着无尽的魅力。这时，你的感觉是飞机不是在飞，而是静止地飘浮在空中，整个天空好像只有你，你就在天空的正中央，你就在天空中遨游。

和陆地上的大海相比，云海可以像大海一样平静，也可以似雄狮般怒吼。但云海的色彩其实比大海更生动，景色也更壮观。它千般变化，万种风情，有时像广袤无垠的草原，有时像幽深变幻的丛林，有时像波澜起伏的群山，有时像景象万千的高原，有时怪石嶙峋，有时幽深莫测，有时面目狰狞，有时宛若少女。

从飞机上看云海，云海总是在变化。当天气晴朗时，薄薄的云雾就像轻柔的白纱飘荡在天空中，透过这白纱，茫茫的大地就扑进了眼底。几朵白云迈着碎步轻盈地掠过机身，自在地和你对笑几下就飘然而去，天空显得宁静而祥和。当多云时，云海就显得波澜壮阔了。有时，它上下翻腾、滚滚向前，像准备冲锋陷阵的千军万马，给人一种蓬勃激扬的气势。有时，无数大大小小的云团簇拥在一块，纯白、灰白、浅白色，变换着千奇百怪的形状，就像广阔草原上的一群群白羊，有的在安静地吃草，有的在静静地休息，有的在嬉戏打闹，给人以悠闲自在的感觉。有时，在白色的云团中，猛然夹杂着一团乌云，这乌云就像漂泊在大海中的一座孤岛，显得那么无助。巨大的云团可能由黑变灰，由灰变白，渐渐远去；也可能由白变灰，由灰变黑，逐渐扑过来。当然有时巨大的黑云簇拥在一起，组合成无比狰狞的怪模样，就像魔幻世界中的怪物一样，让人胆战心惊。

我以为最好看的还是夕阳下的云海。夕阳下，巨大的橘红色的太阳挂在天边，整个苍穹变得绚丽多彩。云海在阳光的映射下呈现出不同的颜色，深红、淡黄、浅灰、浓黑，但最多的还是深浅不一的橘红。当阳光冲破云雾猛然刺向天空时，光芒四射，甚是壮美。云彩在阳光的衬托下争奇斗艳，这时整个天空就是一个色彩世界，显得博大而幽深，这是多么壮丽的一幅画呀。斑斓的色彩照进机舱，整个机舱都变成了神话般的世界。沐浴在多彩的阳光下，心与天接，以为这就是天堂。这时你思考的肯定不是现实世界，而是梦幻般的世界。你感受到的不只是愉悦，还有沉甸甸的幸福。

在我的心目中，云海是最美的。她千姿百态，浓妆淡抹，总是有那么多的魅力；云海是多情的，她富于喜怒哀乐，你可以长时间凝视她，用心灵和她对话，感受她带给你的柔情；云海也是慈祥的，你可以躺在她的怀抱里，尽情地享受她的柔情；云海还是一个大舞台，她挥洒自如地演绎着人生的跌宕起伏，尽情地演绎着人类社会出现的一切美好和丑恶。

看云海就是在读诗，看云海就是在听音乐，看云海就是在享受人生。

我喜欢这多情的云海。

# “天堂”的香樟

都说：上有天堂，下有苏杭。苏州和杭州可谓人间的天堂。香樟树是苏州和杭州的市树，在“天堂”的大街小巷里，到处都有那迷人的香樟树。

初到杭州的数年里，我并没有太在意这种树，甚至不知道它的名字。那时，我只是感觉大街小巷到处都是这种树。它不太高，笔直的树干上托着一丛蘑菇状的绿色树冠。远远望去，那一片片的长长的椭圆形的叶子紧紧抱住树干，争先恐后地将绿闪闪的脸蛋儿朝向路人。一阵微风拂过，它们欢快地舞动着腰肢，似在与人打招呼。

留心香樟树，还是因为同事的介绍。一次饭后，我和一位同事在漫步。小道旁耸立着两排整齐的树，树形高大优美，树冠弧线流畅和谐，在西沉的斜阳和绚丽的彩霞的沐浴下，煞是好看。同事告诉我这就是香樟树，是南方极为普通而又让人十分喜爱的观赏树木。这位同事居住的小区恰恰叫香樟公寓。

香樟树，又称樟树、乌樟、芳樟等，是江南四大名木之一。香樟树为亚热带树种，主要分布在长江以南地区，是樟科梓属的常绿高大乔木。初夏开花，花呈绿白或带黄色、圆锥花序，树冠广展，叶枝茂盛，浓荫遍地，气势雄伟，是优良的行道树及庭荫树。香樟树因含有特殊的香气和挥发油而具抗腐、驱虫之特点，是名贵家具、高档建筑、造船和雕刻等的理想材料。日常用的樟脑就是由香樟树的根、茎、枝、叶制成的，用于防蛀。在民间，人们认为香樟树具有避邪、长寿、吉祥如意的寓意。香樟树深受广大居民的青睐，杭州、苏州等城市均将其选为“市树”。

香樟树的外形很有特色，树皮质地均匀，没有白杨树的斑驳，没有柳树的开裂和皮沟；树枝树干一分为二、二分为四地一路长去，不会偷工减料，也不会画蛇添足；树冠是半球形的，在天空中呈现出优美的弧形曲线。香樟树树形圆润连绵、俊秀飘逸，却又中规中矩，因此，很多学美术的人喜欢把香樟树作为写生对象。

和其他树相比，香樟树透着别样的韵味。如果我们把杨树比作挺拔的男人，把柳树当成柔弱的少女，把松树当成饱经沧桑的老人，那香樟树最像端庄典雅的华丽妇人。她没有柳树飘逸的长发和摇曳婀娜的身姿，没有杨树的挺拔，也没有松树的沉稳，但香樟树显露出的是成熟女性的风韵和雅致。

春天，清明过后，万象复苏，香樟树也开始换叶了。春天是百花盛开的季节，落叶本应是秋天才有的现象，而香樟树却在春天换叶，这是香樟树不同于其他树木的最大特点。香樟树换叶，是在不声不响中悄然进行的。阳春三月，暖风吹得游人醉。随着气温的回升，香樟树开始抖落掉自己一身的陈衣，吐露新芽，随着新叶的生长，原来的树叶就会自动退出历史舞台，悄然落下，化作春泥。香樟树的换叶过程井然有序、不慌不忙，树与树之间、叶与叶之间，没有争斗，没有杂乱，谱写了一首和谐成长的序曲。春天的香樟树，新叶呈嫩绿色，在阳光的照射下，泛着闪闪的光。春天的香樟树像亭亭玉立的少女，含蓄娇柔，散发着青春与活力。

到了夏天，香樟树叶变得更绿，但依然保持着光泽，伞状的树形郁郁葱葱，浓密而青翠。树冠完全张开，显出了勃勃生机。进入盛夏，走在人行道上，可以感受到树荫带来的凉爽。随着风的吹拂，树上的小花如满天星雨纷至沓来，带来一股股樟木特有的清香，让人心旷神怡。轻轻地拾起一朵落花，在这个绿白或带有黄色的直径只有半厘米的花序中，有四片卷曲的花瓣，其两端伸出如蝴蝶触须般的两个花蕊，用手轻轻捏着，有一种绵绵的柔感。夏天的香樟更像一个待嫁的新娘，怀揣着热情和浪漫。

秋天的香樟树是最美的。当秋风卷落叶时，香樟树却迎来了一年中最艳丽的日子。许许多多的香樟树靠在一起，颜色各有差别。有些树在浓密的绿色中间挂着一些红色的叶子，像慢慢蹿起的火苗，十分惹眼。有些树枝上的叶子是绿的，但树梢上的叶子是醒目的黄色。有些树叶正面是绿色的，而背面是淡黄色。还有些树结满了黑色的果子，圆圆的，一串串吊挂在枝叶之间。站在不同的角度，香樟树就呈现出不同的色彩。微风吹来，树叶沙沙作响，好似在轻语。不同颜色的叶子来回拂动，交相辉映，分外多情和妖娆，如流动的音乐，如立体的诗画。看似平常的香樟树在一个季节却同时拥有多种色彩，这并不多见。这时的香樟树像一个风韵少妇，柔情中透露着大气，端庄中蕴含着秀丽。

冬天，朔风凛冽，其他植物树叶凋落、秃枝一片时，香樟树仍是一簇深绿，满身翠装，枝粗叶茂，婆娑多姿，惹人喜爱。香樟树是四季常青的。落雪时，绿绿的香樟树叶上披一袭雪白的外衣，让人为之一振，使人的精神得到寄托，情绪得到安抚，心灵得到净化。这时的香樟树，多情典雅，外形更加妩媚，似一个典雅的中年妇人。

在六和塔旁边，我看到了一棵巨大的香樟树，高二十多米，盘根错节，有力地抓啃着大地，粗大的树干扭转着身子伸向天空，显示出旺盛的生命力；巨大的树冠遮住半个天空，树叶碧绿，树形优美。和古老苍朴的六和塔相比，它一点也不渺小，显得更生动、更年轻。一百五十多年来，它和六和塔相映相携，一起见证了钱塘江畔的世事沧桑，呵护着这片美丽的土地。

苏州和杭州都以人间天堂著称，二者不约而同地把香樟树作为市树。把香樟树作为天堂城市的代表，可见香樟树的魅力，而两座城市也因香樟树变得更为美丽。走进苏州和杭州的任何一条街道，两旁必定有婷婷的香樟树。在钱塘江堤上，在古老运河边，在西湖的小桥流水前，在狮子林的任何角落，在干将莫邪路上，在寒山寺前，在数不清的街心花园和城市广场上，都有香樟树的身影。杭州自小和山风景区往西有一条延绵几十公里的现代化大道，宽阔的大路把杭州城劈成两半，公路两边绿树成荫，香飘四季，颇为杭州人称赞。构成这条绿色长廊主体的、最惹人注目的正是那四排整齐划一、延绵不绝的香樟树。

香樟树已经深入“天堂”城市的骨髓中，已成了“天堂”美城的一个组成部分，和城市的其他部分共同构成了“天堂”的精、气、神。

啊，香樟树，“天堂”的香樟树。

# 南国芙蓉花

都说芙蓉花有一种艳丽之美，不是牡丹，胜似牡丹，有雍容华贵之姿，具闭月羞花之貌。但以前我并没有过多地注意她。第一次吸引我目光的是虚拟世界里的芙蓉花。网上是这样介绍的：

花名：芙蓉花。

科名：锦葵科，木槿属。

摘取部位：10月采摘初开放的花朵，晒干。

产地：中国南部。长江流域以南广为栽培，以成都、湖南一带为盛。

简介：也称木芙蓉，是一种大型花，不是中国人象征花魁的芙蓉。

适宜搭配：单泡，适宜搭配绿茶。

冲泡方式：芙蓉花茶冷热饮皆宜。如果喜欢深红的茶色，不妨多浸泡一些时间，会形成红葡萄酒的颜色。若在冲泡芙蓉花时，放进一点玫瑰茶，则别有一番滋味。

花言荼语：早熟。

芙蓉花是一种明媚的花，粉红的、玉白的、深红的、淡黄的都有。芙蓉花的品种较多，有二十几种。它的花瓣比肩簇拥，片片相压，单瓣或半重瓣的是红芙蓉，重瓣的是木芙蓉；黄色花瓣的是黄芙蓉；红白相间的是鸳鸯芙蓉；花重瓣、多心的是七星芙蓉；花重瓣，初开白色后变淡红又至深红色的是醉芙蓉；等等。芙蓉的花茎又粗又短，叶子如小孩手掌大小，毛茸茸的，叶脉清晰可见。那深绿色的叶子衬托着浅绿色的叶脉，再镶嵌上几朵粉红色的花朵，让人陶醉。刚长花苞时，人们只能看见龙爪一样半开半和的萼片，而小小的花却常常藏而不露。到了一定时间，萼片慢慢扩散，花蕾便露了出来。这时的花蕾长得很快，不出几天就会开放，完全开放后像喇叭花。花冠如鸡蛋大小，花瓣圆圆的。花朵顶边是浅粉色的一圈，花朵中间是深粉色的，最底下的部分呈粉白色，花芯里面有五个珍珠似的小白点，每个白珍珠的空隙之间均匀地长出五个花蕊，柱头上面是花粉。芙蓉花虽然不香，但那优美的身姿常使人如痴如醉，给人一种亮丽又温馨的感受。

芙蓉花是一种成熟的花，正像人们形容的:“晓妆如玉暮如霞。”芙蓉花艳若荷花，体态硕大，形态优美，花色绚丽多彩。深秋季节，秋风阵阵，万花凋谢之时，正是芙蓉花怒放的时候，这时的芙蓉花尤其饱满，成熟诱人，故芙蓉花的花语是早熟。芙蓉花属于单株多花，一株芙蓉最多可以开出 80 多朵花。花儿朵朵，争奇斗艳，散发着迷人的风韵。整株芙蓉朴实中带有端庄，大气中蕴含着风韵。芙蓉花有牡丹的雍容华贵，又兼有玫瑰的万般风情，古人对芙蓉花就有很高的评价。南宋诗人吕本中的《木芙蓉》云:“小池南畔木芙蓉，雨后霜前著意红。犹胜无言旧桃李，一生开落任东风。”道教兴盛的宋代盛传在虚无缥缈的仙乡有一个开满红花的芙蓉城。木芙蓉的花神相传是宋真宗的大学士石曼卿。据说在石曼卿死后，仍然有人遇到他，在这场恍然若梦的相遇中，石曼卿说他已经成为芙蓉城的城主。因为在众多传闻中，石曼卿的故事流传最广，后人就尊石曼卿为十月芙蓉花神。

芙蓉是柔媚的花。它温润而文静，没有狂野，只有柔柔的妩媚，看似平和却彰显着力量。我国以“芙蓉”为名的花有两种，一种是草芙蓉，又名“芙蕖”，即“出水芙蓉”“涉江采芙蓉”中所说的芙蓉，指睡莲科水生花卉，也就是莲花。另一种是芙蓉树，亭亭如华盖，偌大的树冠几乎覆盖了整个院子。夏日的夜晚，万点绯红掺杂着金花的飞絮，随晚风弥漫开来。芙蓉花花朵繁多、花香四溢，花蕊似花非花，造型如彩虹又好似红霞。花芯处呈淡黄色，再往外扩展，依次是粉红色、深红色，远远望去，像一个个毛茸茸的彩球。胭脂红中透出桃红，如少女俏脸粉腮，更显娇艳。

芙蓉花是一种神奇的花，这种神奇就在于芙蓉花“一日间凡三色”，所以人们又叫它“三醉芙蓉”“添色拒霜花”。这种花能在一天内变幻出三种不同的颜色：早晨刚开放时，花朵是洁白的；到中午则慢慢变为淡粉红色；傍晚快要凋谢时又转为深粉红色。该花之所以能够“一日三变”，是因为气温升高，花朵中的花青素和酸的浓度发生了变化。

芙蓉花是一种普通的花，黄河流域至长江以南都有分布，尤以四川、湖南居多。甚至在古老的非洲，也有她的影子。浏阳河赋予了她多姿多彩，青城和嘉陵的山水赋予了她多情，大庾岭赋予了她天地之气，她拥有南国所有的柔情和美丽。芙蓉花花期较长，品种多，花色丰富，是很好的观花树种。它耐水性强，容易存活，宜植于江边、河岸、塘边、草坪边缘、路边、林缘、坡地、建筑物前，作为花篱也很合适。

因芙蓉花而出名的地方主要有两个，那就是湖南和成都。

湖南号称“芙蓉国”，可见芙蓉花在湖南的影响和地位。很小的时候，从毛主席的诗词里，我领略到芙蓉国的魅力，知道那是伟人的故乡，是一片神奇的天地。我对芙蓉国和芙蓉花有了一种敬意。“九嶷山上白云飞，帝子乘风下翠微。斑竹一枝千滴泪，红霞万朵百重衣。洞庭波涌连天雪，长岛人歌动地诗。我欲因之梦寥廓，芙蓉国里尽朝晖。”在这首诗里，毛主席讲述了一个神话般的故事，我从故事里知道了洞庭湖、九嶷山、斑竹。后来，和着《浏阳河》的曲调，我知道了韶山，知道了湘潭，知道了长沙。

伴随着春节的鞭炮，我又知道了鞭炮的产地浏阳和醴陵。那时候，男孩子们最喜欢鞭炮。每逢春节，大人忙着走亲戚，女孩子忙着穿新衣、戴红花，而男孩子们就忙着放鞭炮。那时我最羡慕的就是浏阳的孩子，因为他们可以天天放鞭炮。后来，我踏进了芙蓉国，走进她的腹地，数次领略到那震人心魄的魅力。承德乡村的富裕、长沙文化的底蕴、湘西凤凰城的古色古香，都让人沉醉。

成都又名“蓉城”，早在2500多年前，蜀王开明九世就在成都平原的腹心地带建都，取“一年而所居成聚，二年成邑，三年成都”之意而名“成都”。又因东汉时期（25—220），成都织锦业发达，故有锦官城（简称“锦城”）的美誉。五代后蜀时期（934—966），有位君主的爱妃最喜芙蓉花，君主便下令在城墙上遍植芙蓉，花开时花团锦簇，蔚为壮观，所以成都又有芙蓉城（简称“蓉城”）之称。成都人继承了古人栽花养草的传统习惯，许多市民在房前屋后种植芙蓉，年复一年，成都的庭院、城墙、河边都成为芙蓉花的生长地。一到秋天，满城芙蓉竞相开放，为深秋的都市平添了许多生机和活力，让人赏心悦目。芙蓉花与成都人世代相伴，因此被推选为市花。时光荏苒，芙蓉花随着成都的变迁，从古老的城池边走向了今天的府南河边，从昔日的古城墙走进了现代街心花园。今天，无论你是漫步于大街小巷，还是车行锦江两岸，都能看到芙蓉花的芳容。

芙蓉花化云作雨，降临人间。那湘女的多情、蜀女的妩媚、粤女的婀娜多姿，谁会说没有芙蓉花的影子？那江南的美景、岭南的多姿、巴山夜雨的神奇，谁又能说没有芙蓉花的点缀？芙蓉花，中国百花园内的一朵奇葩。

# 冬日的相思树

这是一棵生长在岛上的极为普通的相思树。

一个冬日，我和同事去玉环度周末，在区内观游时，我看到了它。起初，我对它没有过多关注，扫一眼就过去了，因为它太平凡无奇了——静静地倚在河畔，隐蔽在树丛中，没有吸引眼球的外表，可以说每个路人都不会多看它一眼。我转头时不经意地看了它一眼，就打算快步溜过去。还是友人的一句话提醒了我：“这是相思树，一年四季都会开花。很有寓意的。”这时，我才止步看它。

这棵树几近枯树。远远望去，它孤独、无声地趴在那里，身材有些臃肿，毫无美感。它似疲惫的老牛，独自静卧在玉环岛的小河旁边，迎着寒风，沐浴着阳光，不蔓不枝，好似在沉思、在休息。只有当风吹来时，它才费力地晃几下，好似在抖动自己沉重的身躯。它确实少了些朝气，有点老态龙钟的样子。

我慢慢走近它，细细品味。这棵相思树，在冬日的寒风里，仍能开出艳丽的花朵。这些花朵伫立在枯萎的枝杈上，展现出顽强的生命力。在寒风的侵袭下，当世间万物都脱去绿色的外衣，只剩下光光的躯干时，相思树仍傲然挺立，尽管枝叶有些干枯，但依旧张开臂膀，呵护着自己娇艳的花朵，彰显着它无尽的爱恋。它少了春的蓬勃，但多了冬的顽强；少了夏的热情，但多了冬的庄严；少了秋的硕果，但多了冬的执着。它枯枝缠身，却依然顽强。它不施粉黛，却艳红依然。它独自伫立，一身傲骨。它没有牡丹的华贵，没有菊的舒展，没有桂的芬芳，不和群芳斗艳；它和河水为伴，与寒风相处，傲然屹立，没有丝毫媚骨；它自由自在，和阳光依偎，超脱凛然。

冬日的相思树，透露出对春天的渴望，流淌着对夏天的回忆，也保留着对秋天的赞美。它的这份毅力和顽强不正是人们对爱的追求的完美表达吗？为了爱，甘愿饮无数孤独；为了情，甘心受无尽苦难。终守一生，直到老去，永远不悔。我欣赏冬日的相思树。

# 校园漫步

我喜欢大学的生活。

在我生命的四十几年里，有一半多的时间是在大学校园里度过的。在大学的上万个日日夜夜里，我最喜欢做的一件事情就是在大学校园里面漫步。

大学校园风景优美，山、水、花草和树木构成了校园的自然风光，高大整齐的建筑、纵横交叉的小道构成了校园的主题，而那或悠闲或急匆匆的行人就是这校园的主人。每一所大学就是一座主题文化公园。校园的风景让人赏心悦目，校园的文化陶冶人的情操，校园的精神丰富人的内在，在校园里散步就是在领略大学的魅力。

散步其实是最普通不过的事，而在大学的校园里散步，却有着另一种享受，那是一种人生的感悟。校园里没有都市的喧闹，没有横冲直撞的机车，也没有污浊的空气和刺眼的灯光，有的是幽静的道路、清新的空气、诱人的花草和高雅的文化气息。在校园里散步，有和在外面明显不一样的感觉。在校园外散步会有很美的景色，会有轻松的感觉；而在大学校园里散步，除了优美的景色、轻松的感觉，还多了一份欣赏，多了一份思想上的熏陶。

清晨，薄薄的晨霭拥抱着大地，初升的阳光柔和地亲吻着世界。万物苏醒了，大地开始了新的一天。这时，漫步在大学校园的林荫道上，行走在大学里的花园小溪边，穿行在一座座大楼里，就好像在用心读这所大学。听着优雅的晨曲，伴随着郎朗的读书声，倾听着广播里的校园新闻，看着学生在你的身边匆匆走过，望着他们青春的笑脸，感受到的是青春的活力。傍晚，在草坪上，学生围坐在一起，三五成群，谈论着自己感兴趣的话题，听着爽朗的欢笑声，感受到的是青春的美好。透过一扇扇窗户，看着灯光下聚精会神、奋笔疾书的莘莘学子，感受到的是青春的斗志。

在不同的大学校园里漫步，你总能领略到不一样的校园风格。有的古朴厚重，有的凝重庄严，有的现代化气息十足。从漫步中你可以读出大学的不同魅力，感受到来自不同地域的文化气息。

漫步在北京大学的校园里，我总有种敬畏的感觉，不敢前行。我轻轻地来到那一座座古朴的楼房前，长时间驻足观望。楼外的松柏挺立，花草茂盛，曲曲的小道幽静。我在想，我们的一代伟人是否也曾站在这里凝思过呢？隔着门窗的玻璃向里看，那厚重的书桌还在房中，桌子上蒙着洁白的台布，那古朴的椅子犹在，大红漆顶梁柱仍稳稳地立在那里，带玻璃的门窗仍是鲜红的，可现在的主人是谁呢？我努力想着，一个个熟悉的名字在我的脑海中浮现出来：李大钊、蔡元培、陈独秀、胡适、鲁迅、茅盾、马寅初……

顺路来到一个个四合院。这些四合院都不高，灰头灰脸，外面的窗户既高又小，典型的 20 世纪初的建筑，而院内宽大的大红玻璃门窗才让人感到一丝现代化的气息。那一块块牌子上醒目的字让我肃然起敬，伫立良久。我轻轻地踏进四合院，想隔窗瞧瞧里面的摆设，想努力找出旧时代的影子，想努力还原伟人在此的影像。

我信步来到未名湖畔。未名湖，自小就非常向往的地方。在十岁左右，我曾读过一篇散文，名字就叫《未名湖畔》。那篇文章很好，把冬日的未名湖写得非常优美。那在湖面溜冰的少年，那在岸边加油的姑娘，那在路上观望的人群，都被描写得惟妙惟肖。打那时起，我就有个愿望，将来一定要到未名湖看看，领略一下未名湖的风采。其实，未名湖很小，旁边是一片高大的树林，没有任何特色，和我过去想象中的相去甚远。我想它的名气还是因为源自巨人的名字吧。我绕湖走了一圈，看着湖心来回溜冰的年轻人，看着湖边的参天大树，我想，那些巨人肯定走过我今天走过的路。

在清华大学的校园里漫步，总感觉是踩着巨人的脚印在散步，感觉这空气里面都弥漫着科学巨人的思想，那每一扇开着或关着的窗户里，端坐的可能就是一名科学家。在这里，许多人都会收敛自己，敬畏地看着这里的一切。在清华大学经管学院大楼里，我感到庄严肃穆。拾级而上，来到学生教室和电教室，我敬佩这些青年，我也羡慕他们能来到这里学习。我怀着敬仰之心穿过一个一个教室，我感觉这每一个房间随时都会走出引领世界的巨人。

一个偶然的机会，我来到了广西民族大学。我曾多次听朋友盛赞过这所大学的美丽。刚踏进校园，我就被校园的景色迷住了。整个大学简直就是绿的世界，满目的树木，满目的花草，处处透露出南国特有的风采和韵味。质朴中含有厚重，庄严中带有清雅。和许多高楼林立的城市大学不同，进入这所校园，你几乎看不见建筑物，整个学校就好似淹没在绿色之中。树木挺拔，翠竹、棕榈、梧桐交织排列，还有许多我叫不上名字的花草树木散发着阵阵的馨香。一座座大楼错落有致，散布在小山中，树、山、大楼和谐地融为一体。蓝蓝的天空、淡色的建筑、绿色的植物相互映衬，构成了校园的主体色彩。

看到了一片面积颇大的湖，我想这一定就是相思湖。相思湖，多么美丽的名字，她的名字就是我的好友给取的。相思湖镶嵌在校园中心，几座小山依偎着。湖面静静的，湖水清澈，偶尔几片树叶轻轻地从湖面划过，杨柳轻轻摇曳，给人舒心的感觉。湖边的小山上竹林幽幽，绿树成荫，矮矮的花草中隐隐露出一条条盘山小路。沿着湖畔，有一条幽静的水泥小道。石椅石凳散放在小路边。在一座小山上，竟建起了一座二层的水榭。登上小小的水榭，居高临下，整个湖面尽收眼底，山和水相接，水和倒影一体，别有情趣。在参天大树的掩映下，整个学校显得幽静而神秘。校园安然，校园的景色迷人。在湖边小道上，我慢悠悠地踱着步子，绕着相思湖，看着水里的倒影，欣赏着美丽的风景，心旷神怡。

西南石油大学南充校区远离大都市。但校园的美丽和大气丝毫不亚于大都市的高校。当从拥挤和嘈杂的市区走进该校区时，你领略到的绝对是幽静和文雅。整个校园以湖为中心铺开，湖面约几十亩，湖水清澈，映着倒影，波光粼粼，湖中的荷花盛开着。岸边的柳树成行，小道迤逦。建筑物错落有致，恢宏大气，偌大的足球场人影飞奔，校园的道路整齐幽静，两旁的大树挺拔有力，大片花草茂盛。我在校园里一边散步一边欣赏，活动活动筋骨，呼吸一些新鲜的空气，感受着这个校园的美丽，领略着这所大学的风采。

我还去过武汉大学、华中科技大学、四川大学、重庆大学、中山大学、浙江大学、东北师范大学，我穿行在这些大学的校园里，能品味出那独特的校园文化，能感受到它们与众不同的气韵。我为它们那独特的人文精神所震撼。若问城市最美丽的花园在哪里，那肯定是在大学的校园里。若说城市最幽静的去处在哪里，那肯定还是在大学的校园里。

在大学散步是一种人生体验，沿着几代大师走过的小路，感受着青春的热烈和奔放，让思想畅游其间，就会汲取到文化的力量，就会受到感染，奋发起来。

# 旅游随想

和大多数人一样，我喜欢旅游。这几年，我更喜欢一个人逛逛城市、看看乡村，给自己留一份心情、添一份思考。

我把旅游当成一个娱乐的过程，当成一个学习的过程，当成一个净化心灵的过程。

旅游首先是一个娱乐的过程。同样的工作、同样的环境、同样的面孔，日复一日，年复一年，会使人厌烦。如果找个有山有水的人间仙境，享受一下神仙般的生活，感受一下大自然的鬼斧神工，领略一下自然的神奇之美，过几天无忧无虑的舒心日子，那真是美哉快哉。所以我感觉旅游就是放风。

旅游是一个学习的过程。人类文明传承数千年，祖先给我们留下的文化瑰宝数不清，每一处文化遗产就是一部宏大的历史教科书。那庄严的故宫、雄伟的长城、美轮美奂的爱丽舍宫、匪夷所思的埃及金字塔和玛雅文化，都是人类智慧的结晶，都蕴含着优秀的人类文明。浏览这些文化和历史古迹，了解了历史，增长了见识。古人所说的“读万卷书，行万里路”就是这个意思。所谓旅游，乃学习也。

旅游还包括享受美食。人类文明发展到今天，其中一个重要部分就是饮食文化。到一个地方品尝一下当地的美食，享受一下自己不曾吃过的大餐，也是非常不错的。几乎每个国家和民族都有自己的拿手好“菜”。我国的八大菜系就闻名中外。还有法国大餐、比利时大餐、西班牙美食，不一而足。品尝美食是旅游中的一项重要内容。所以在旅游中就是要吃。

旅游不能怕累，这是一个颠扑不破的真理。旅游是个力气活，要爬大山、涉大河，要登高望远，要肩扛手提，有时还要手脚并用。没有一定的体力是绝对不行的。有人说旅游就是“上车呼呼睡觉，下车啪啪拍照，连带吃饭撒尿”，这也有几分道理。

旅游可以随时随地进行。不高兴时，旅游可以调节你的心境，让你忘却烦恼、去掉忧愁，换一个心情去迎接未来。高兴的时候去旅游，就更能感受到大自然的美丽、领略到生活的美好，对未来充满信心。总之，旅游会带给你快乐。

旅游要量力而行。如果你手头充裕，那你可以走遍世界各地，踏遍地球的任何角落，感受各个国家的风情，这是花钱买享受。如果你金钱不多，可以选择较近的旅途，玩上三五天，同样可以达到舒心的效果。当然你也可以一袭轻装、一辆单车、一壶琼浆，不用花一分钱，就可以欣赏到青山绿水，感受到大自然的魅力，这叫郊游。

旅游是不分贵贱的，不论你是达官显贵还是平民百姓，大自然对你展现的美是永远公平的。尽管你很有钱，但名山大川绝不会为此而垂青你，让你得到额外的享受。当然，也不会因为你没有钱而小看你，展现的美也不会少几分。

旅游是现代人的事情，是人类富裕的一个标志，是现代文明普惠大众的一个明显表现。对现代人来说，找个机会，或三五成群，或独自一人，或将妻携子，乘坐火车、飞机、汽车、轮船等，数天就能完成几千公里的行程，既放松了心情，又得到了快乐。

古时候，很少人去旅游，即使想到了，也很少能实现。那时候，道路崎岖，交通工具落后，物质条件匮乏，大多数人远足靠的是自己的脚，顶多借助马力，一天也就是几十里，交通工具限制了很多古人远足的梦想。

古时能远足的，必定是一些富贵之人。秦始皇、隋炀帝和乾隆等都是大旅游家，他们倾国家之力，一去数月，完成了巡视疆土、成就霸业的宏图大愿。他们扩展疆土的大愿也许就是在旅游中形成的。

徐霞客、李白等一些历史名家也是大旅游家，他们走南闯北，游遍了大好河山。他们用自己的文字记下了沿途的风貌和自己的感受。他们的一次旅游，往往需要几月甚至几年。徐霞客的文章自不必说了，李白的《梦游天姥吟留别》《蜀道难》《赠汪伦》《望庐山瀑布》等名篇，都记录了这位文学大师的旅途。

古人不能远足的另一个理由大概就是没有钱。这是一个俗得不能再俗的理由。那时多数人面朝黄土背朝天，终日劳作，不得温饱，哪有更多的钱去旅游呢？所以大多数人没有旅游的概念。不消说古人，就是现代人，往前数 30 年，远足对他们来说也还是一个梦。

现在，旅游成了一种普通的活动，这是现代社会给予我们的一种现代化的生活方式，我庆幸我生在这样的时代。

# 散步

我酷爱散步，散步不仅可以健身，还可以让你快乐。

我曾在大山里散过步。凉风习习的鸡公山顶，风景秀丽的庐山五老峰，景色独特的黄山排云亭，险峻奇绝的华山西峰、南峰，秀满浙北的天目山，都留下了我无数的脚印。

我曾在大海边散步。北国避暑胜地兴城海滨，南国名城深圳、珠海，北戴河、南戴河旅游胜地，青岛五四广场，香港浅水湾，澳门黑色沙滩，都印上了我的脚印。

我曾在景区里散步。五百里滇池池畔、幽幽的青城山脚下、清秀自然的东湖湖边、满目青色的岳麓山麓、湘江岸边、香港的铜锣湾、澳门的大三巴门前、瘦西湖边，都洒满了我的悠然身影。至于风景如画的西湖边，我去得就更多了，曲院风荷、柳浪闻莺、断桥残雪、苏堤春晓、灵峰探梅都是我盘桓最多的地方，可以说西湖的每一个景点都散落着我的足迹。

在林区散步是一种悠闲，可以呼吸最清新的空气；在幽幽的灯光下散步是一种惬意，可以感受现实，体味人生；在大海边散步是一种享受，可以和大海对话。不论在哪里散步，人们的感觉几乎都是相同的，那就是美和舒服。

我喜欢在市区的街心公园散步。那是我最常去的地方。长期生活在闹市，只有街边的小景供人们欣赏。在居住的城市，或者在旅途中，只要街边有公园，我总要进去领略一番风景，带走别样的感觉。

我经常结伴散步，和两三好友一起，那是一种人生享受。大家一起畅谈，探讨人生、学术观点，这种快乐不亚于一顿美餐。和妻散步也是一种享受，妻是爱我的，这是我从散步中领略到的。和妻散步时，总是慢慢悠悠、漫无目的、边走边说，当然话题自然就是家庭和亲人了。妻和我散步时，总是顺着我的思路打开话题，我高兴时她就喜悦，我不高兴时她就宽慰我，即使有时我的观点有点偏颇，妻也总能顺着我的思路往下说，好像只要我想的，就是正确的。

我也喜欢独自散步。独自散步对我来说就是留出空间让自己思考，可以调整情绪。每逢工作不顺心时，每逢心情不太好时，我总喜欢独自出门，挑一闲静之处，来回走动。和着自己的步伐节拍，开始思考，前因后果就会在大脑中折腾开来。快步疾走，说明我的思想正在激烈斗争；徘徊不前，说明我正在犹豫。也可能脚步非常慢，这说明我已深深沉浸于某个问题了。等到理清思路、豁然开朗后，自己的脚步就会轻快起来。我会环顾一下四周，深深吸几口空气，又迈出自信的步伐。散步是我调整情绪的最佳方式。事实上，我的一些决定，往往就是我在散步中形成的。

早上散步是为了吐出一夜的污浊，吸收大自然的精华。一身简衣，迎着朝阳，沐浴着晨露，倾听着鸟鸣，穿行在花草之间，这带来的是一天的惬意。傍晚散步是为了消除一天的疲惫，走在幽静的小路上，可以数数天上的星星、遥望万家灯火，伴着花香，踏上空地上的健身器械活动活动筋骨，打量着街道上的建筑物，扫视着公路上来回疾驶的汽车，再看看城市的五彩灯光，和身边的人说着轻松的话语，自己的心情就会畅快起来，自己的身体就会舒展开来。

散步是一种娱乐，也是一种享受。把手背在身后，身体随着步子移动。这时，根本不用讲究走路时的身姿是否端正，你可以歪歪扭扭地走，也可以摇晃身体，可以甩手，也可以踢腿、扭腰，可以倒退，也可以跳跃，还可以大声说话甚至歌唱。你不必担心会影响别人，即使有不便，你得到的也是理解和微笑。迈着悠悠的步子，你有足够的时间观察周围的一切，这时你的眼睛是明亮的，你的听觉是灵敏的，你可以感受到许多平时不曾注意的事物。老夫老妻执手亲密地散步，那是人间的真情流露；青年男女拥抱一起，那是热烈的爱情；在人行小道上快步行走，那是对生命的渴望；和小狗狗一起漫步，那是大自然的和谐；至于我边走边摇晃，则是在享受生活。在不经意间就会得到新的感受，会得到和昨天不一样的感觉。生活就是一种幸福，人活着就是一种美好。散步不失为领略人生的一种方式。

散步就是在发现美、追求美。

# 魅力西湖

西湖为什么会有今天这么大的名气呢？我想，这不仅是因为西湖山水的美丽，还因为西湖有令人魂牵梦绕、令人陶醉的悠久历史和文化。西湖不但有山水秀丽之美、林壑幽深之胜，更有极为丰富的人文古迹和名人传说。那朝阳下灵隐寺的悠悠钟声，暮霭中岳庙的恢宏庄严，密林中龙井水的潺潺流动，断桥上白娘子和许仙的凄婉断肠，孤山之麓的“梅妻鹤子”，虎跑泉边弘一大师的梵语妙音，青山脚下雷峰塔的妙丽身影，深山坳里九溪十八涧的茶香等都和西湖的自然风光巧妙地融合在一起。湖以人而扬名，人借湖而出彩，风景和人事相得益彰，演绎着令人神往的传奇和故事。没有这迷人的历史文化和名人轶事，西湖就没有了美的灵魂。

“江南忆，最忆是杭州。山寺月中寻桂子，郡亭枕上看潮头。何日更重游。”这是我国大诗人白居易《忆江南》中的一首。《忆江南》共有三首，第一首总写江南的美好，第三首追忆的是吴都苏州，这第二首就是诗人对旅居杭州的美好回忆。这首词提到了杭州，提到了钱塘江的大潮和灵隐禅寺的桂花，没有直接赞美西湖。不过，通过对其他美景的描述，我们还是嗅到了诗人对西湖的眷恋之情。当然，在白居易所处的时代，西湖可能还不是一个令人称赞的风景绝佳处。但白居易喜欢杭州，曾无数次畅游西湖是无可否认的。

白居易做过杭州刺史，我想大概就是今天市长的角色吧。白居易不仅是杭州的大力推崇者，还是美化西湖和建设西湖的设计师和建筑师。他在位时为了防止湖水漫堤，不让杭城遭遇钱塘江水的侵扰，带领杭州百姓造堤围坝、疏浚河道，重新规划了西湖的外貌；让西湖水灌溉农田，引导百姓在西湖养鱼养蟹，从而造福一方。同时也用旷世名作，为杭州和西湖做了影响力最大、历时最久的“免费广告”，而且这“广告”一做就是上千年，给杭州带来了巨大的经济和社会效益。

白堤，又称白沙堤，是后世以白居易的姓命名的。当年白居易曾带领杭州百姓修过一个堤，据说就在白沙堤附近，但随着历史的推移，这个堤慢慢湮灭了。后来，杭州的百姓就用白沙堤指称白居易堤，用以纪念这位父母官。经过多年整修，今天的白堤已经是西湖的绝佳之处。堤的东头有许仙和白娘子传说中的断桥残雪；堤的两边桃红柳绿，风景极为宜人；堤的中间镶嵌着平湖秋月和孤山等著名景点。站在平湖秋月望湖，湖面浩渺宽阔，波光粼粼；从这里望月，天空银月高挂，夜色清朗；浩荡的湖水加上明月，让游人感慨万千，宛如置身天堂。孤山是坐在西湖中的一座小山，由白堤挽连着两端，湖山风景特别优美。从地质学上讲，孤山是由火山喷出的流纹岩组成的，整体是和陆地连在一起的，所以有“孤山不孤”的说法。围着孤山能欣赏到的有西泠桥、秋瑾墓、西泠印社、楼外楼、中山公园等。白堤的西头也有一座桥，桥边是苏小小的墓。苏小小是南齐歌伎，才貌出众，其身世和流传的爱情故事凄婉动人，她的诗作“妾乘油壁车，郎骑青骢马。何处结同心，西陵松柏下”，脍炙人口，广为传颂。传说苏小小死后就葬在西泠桥畔，后人在墓上覆建了慕才亭。历史上有关苏小小的诗文、小说和戏曲很多。“千载芳名留古迹，六朝韵事著西泠。”

“水光潋滟晴方好，山色空蒙雨亦奇。欲把西湖比西子，淡妆浓抹总相宜。”这是我国另一位大诗人苏轼的不朽名作。诗作词句优美，字字珠玑，朗朗上口，极具音乐美。它自入选我国小学课本后，就成了对全国小朋友进行西湖美启蒙教育的内容，让全国的孩子们对西湖有了憧憬。伴着儿时对西湖的梦想，我才成为杭州人的。我以为在我的人生中最令我自豪的就是来到杭州，选择和西湖相拥。

苏轼曾先后两次任职杭州，一次是任杭州通判，一次是任杭州太守。通判大概就是今天副市长兼中央巡视员的角色吧，太守也就是现在的杭州市市长。苏轼在任上也主持整修了西湖，为后人留下了一道浓墨重彩、怎么赞美都不过分的湖中美景——苏堤。和白居易一样，后人也以苏轼的姓命名了这座堤。苏轼同样留下了不朽诗作，为杭州和西湖做了历史上最悠久、最广泛的广告宣传。

苏堤如同一道绿色的丝带，缠绕在西湖的腰际，呵护着西湖，装扮着西湖，是西湖又一道靓丽的风景线。苏堤南起南屏山麓，北到栖霞岭，连接着北山和南山，全长近三公里。沿堤栽种了杨柳、碧桃等观赏树木以及大批的花草。此处花草茂盛，疏密有序；树木遮天蔽日，参差有致；不论春夏秋冬，这里都呈现出不同的景色。以元代就颇有名气的“六桥烟柳”为蓝本，堤上建有六座单孔石拱桥，自南而北依次为映波、锁澜、望山、压堤、东浦、跨虹。苏堤长堤卧波，六桥高低起伏，水、桥和绿树花草相互映衬，组成了多彩的景观。行走在堤上，湖山胜景如画卷般展开，万般妖娆风情任人领略。自南宋以来，苏堤春晓一直居于“西湖十景”之首，足见西湖自古就深受人们的喜爱。

两位大诗人都用自己的诗作赞美了西湖，也都用自己的双手美化了西湖。没有这两位大诗人，就没有今天西湖的美丽和魅力。也许两位大师自己都不曾想到，他们向无数人推荐了西湖，让西湖走向了全国，走向了世界。西湖因他们而变成了名湖。

西湖不仅是山水之湖，也是名人之湖。

## 悠闲满足的杭州人

能让杭州人最自豪的大概是西湖，能让杭州闻名天下的也是西湖。

今天杭州的发展仍以悠闲和舒适为基础。主办一场世界休闲博览会，历时近半年，把几乎所有吃的、喝的、穿的、带的、玩的、用的、住的统统展览个遍。作为休闲之都，杭州要让大家玩得舒服，吃得舒服，住得舒服。当然花钱也要舒服。很多来到杭州的人都会被西湖的美丽惊呆，都羡慕杭州人的福气。

杭州的茶社、酒吧、咖啡馆不少，在南山路、在北山路、在景区内外的道路边比比皆是。这些商铺格调甚高，许多还富有异国情调，绝对不逊于闻名中外的上海衡山路，甚至可以说比衡山路上的酒吧、咖啡馆更具特色。无论白天还是黑夜，走进茶社，走进各种酒吧和咖啡馆，你能看到三五成群的男女在喝酒、品茶。

每逢宜人的天气，西湖周边的各个小景区就成了杭州人的天下。这些小景区，交通不太方便，一般外地人不知道，也不会涉足。如梅家坞、龙井、九溪等。这正好成全了杭州人。在景区密林深处，不经意间就会碰到一个茶室，那里肯定有杭州人。杭州常年淹没在鲜花和绿色之中，空气中弥漫的是清香，杭州人的生活其实比上海人的更充实、更悠哉。

清明时节被作为法定节假日之前，杭州早就比北方的许多城市多一天假，那就是清明春假。春假是踏青的日子，每逢这一天，全市各大中小学放假，中小学老师领着孩子排队集体出游，大学生们或三五成群，或集体外出。许多人家都有野外用的帐篷，那是为周末出游准备的。杭州人周五的问候语就是：明天准备到哪里去玩？而周一的问候语就是：昨天去哪里玩了？

# 吴侬软语苏州人

苏州人和苏州的城市形象非常吻合。苏州城给人的印象是精致典雅，是古典和现代相结合、柔美和浪漫兼有的江南水城，颇为优雅。苏州人也是如此，苏州人性格平和且含蓄，宽容且浪漫，不事张扬。这一点，是国内任何城市的人都无法比拟的。

苏州人典雅，用地方方言演唱的苏州评弹，最能反映苏州人的这种特色。女先生腰杆直挺、坐姿端正，怀抱琵琶，略带几分矜持；旋律不疾不徐，声调富于变化又不张扬，没有北方曲艺的直截了当；女先生表演时不紧不慢，动作优雅。女先生的举手投足，反映了苏州人的性格特点。苏州方言比较柔和，是典型的吴侬软语。徜徉在小桥流水之间，耳旁回响着清脆悠扬的苏州评弹，你很难想象这样温柔的水乡里竟能孕育出吴王阖闾的霸气、伍子胥的豪气、孙武的智慧和胆识、越王勾践的隐忍。苏州人的性格也许来自烟波浩渺的太湖吧。

苏州人内敛含蓄，不事张扬，这主要表现在苏州人喜欢默默做自己的事情。在苏州，一个人或一个家庭，即使有过人之处，家人也会时常提醒：不要“显夹夹”。苏州人就是这样教育孩子的。所以陆文夫说，苏州的园林天下闻名，但门脸都很小，这就是苏州人的性格。不要“显夹夹”，也就是说，要低调一些，不要一天到晚把成绩挂在嘴上，大吹法螺，就怕别人不知道似的，这不是苏州人应该有的性格。苏州人的含蓄还表现在从不评论别人，尽管也暗中较劲，但面上从不露出来。这一点，要比杭州含蓄多了。“上有天堂，下有苏杭”，这流传千年的古语道出了苏州和杭州在中国人心目中的地位。又有传说因为后半句“下有苏杭”的苏州排在杭州的前面，杭州人觉得没有面子，也很不服气。所以“上有天堂，下有苏杭”这句话尽管被大家挂在嘴边，但在杭州街市不多见。后来，杭州人找到一句“江南忆，最忆是杭州”，这句话可是独赞杭州的。所以在杭州的大街上，如果你看到杭州的形象宣传，一定是“江南忆，最忆是杭州”，而非“上有天堂，下有苏杭”。

苏州人精致，这是举世公认的。苏州的精致表现在各个方面。苏州的园林玲珑精致、巧夺天工。苏州城建得精巧和谐，集山水和文化于一体，集现代和古典于一体。苏州人的小院小巧精致，幽深的巷子、小小的四合院，使得苏州人养成了与小巷一样藏拙内敛的习性。苏州人不大关心左邻右舍家长里短的事，不嚼舌根，不打听别人家的隐私，不存害人之心，街坊邻里能相安无事、和平共处。

苏州山清水秀，是历史上有名的富庶之乡、繁华胜地。自夫差以后，战事甚少，所以苏州的山水平和。苏州人浪漫多情，演绎出许许多多的风流韵事。《唐伯虎点秋香》《钱秀才错占凤凰俦》等等，都是一段段浪漫佳话。所以在世人的印象里，苏州更风流、多情。当然干将莫邪的传奇不属于这类，这倒是一个例外。

吴文化就是一种水文化。这里气候湿润，造就了苏州人水一样的性格——柔和、柔软、似水。苏州人讲话声调柔软，吐字尖音多，听起来颇为婉转，甚至连吵架也觉得是在唱歌。整日待在温柔的水乡，满目的粉墙黛瓦、小桥流水，满耳都是吴侬软语，就算有天大的火气也被无形瓦解了。孩子们做错了事，苏州人高高地扬起了巴掌，气势汹汹地喝问“要不要吃生活”（意为打）。如果孩子作害怕状说“不要”，那就不会打了。苏州人因有这种宽容，极好相处。正是因为这种性格，苏州人崇文不崇武。历史上的吴王夫差爱美人不爱江山，所以丢了江山，吴国被灭。这是苏州人心中永远的痛！

# 名人辈出的绍兴

绍兴城不大，但绍兴的名气很大。

绍兴的名气是和绍兴人紧密相连的。绍兴的历史源远流长，绍兴的名人更是数不胜数。毛主席曾称绍兴为“鉴湖越台名士乡”。绍兴人最大的特点是深明大义和柔情似水兼有，往往会做出惊天地、泣鬼神的大事业，也往往会吟诵出千古流传的爱情悲歌。绍兴的男人是这样，绍兴的女人也是这样。

西施出生于绍兴治下的诸暨。西施天生丽质，她的美不用说，借用楚国诗人宋玉的话，就是“增一分则太长，减一分则太短；着粉则太白，施朱则太赤，眉如翠羽，肌如白雪，腰如束素，齿如含贝”。当时，越国向吴国称臣，越王勾践卧薪尝胆，图谋复国。在国难当头之际，西施忍辱负重，以身许国，与郑旦一起由越王勾践献给吴王夫差，成为吴王最宠爱的妃子，为勾践的东山再起起了掩护作用。后吴国终被勾践所灭。传说吴国被灭后，西施与范蠡泛舟五湖，不知所终，一直受到后人的怀念。西施与杨贵妃、王昭君、貂蝉并称为中国的四大美女，她们是美的化身和代名词。

秋瑾是一名美丽动人的女子，却成了一代女中豪杰。她抛却了富裕和安逸，投身革命，做了前人没有做过的大事，号称“鉴湖女侠”。她执剑杀敌，毅然投入推翻吃人的封建专制的斗争中，至死不渝。她最终被害于绍兴轩亭口闹市，时年33岁。孙中山和宋庆龄对秋瑾都有很高的评价。1912年12月9日，孙中山亲往秋社致祭，撰挽联：“江户矢丹忱，重君首赞同盟会；轩亭洒碧血，愧我今招侠女魂。”1916年8月16—20日，孙中山、宋庆龄游杭州，赴秋瑾墓凭吊，孙中山说：“光复以前，浙人之首先入同盟会者秋女士也。今秋女士不再生，而‘秋风秋雨愁煞人’之句，则传诵不忘。”1942年7月，宋庆龄在《中国妇女争取自由的斗争》一文中称赞秋瑾是“最崇高的革命烈士之一”。

绍兴的男人就更不得了了。

在中华民族5000多年的历史长河中，第一个要歌颂的人该是大禹吧。禹就是绍兴人。几千年来，能在名字前面被后人冠以“大”字尊称的，除了禹，恐怕没有第二个。他带领族人治水，三过家门而不入的事迹至今被传为佳话。

越王勾践也是绍兴人，他的宏图伟业就发生在绍兴大地上，绍兴成就了他轰轰烈烈的一生。勾践胸怀大志，拿得起、放得下，有坚定的意志力，大喜大悲而不丧志，能享受人间的富贵，也能卧薪尝胆，遍尝人间苦楚。

我还推崇现代著名教育家蔡元培。蔡元培不仅是教育家，还是民主革命家、学贯中西的国学大师。陈独秀、李大钊都是他的座上宾。罗章龙、邓中夏这些党的早期领导人在学生时期都得到过他的照顾。蔡元培任北大校长之前，北大可不是今天的模样。那时的北大仍有封建衙门旧习，学风不正、腐朽不堪。蔡元培任校长后，推动学术研究，主张“思想自由，兼容并包”，博采众长，网罗众家，实行教授治校，硬是把一个死气沉沉的北大扭转成一个思想自由、学术开放的精神高地，让北大成为我国新文化运动的发祥地，这为新民主主义革命的发生创造了条件。没有蔡元培，就没有今天的北大。蔡元培开中国现代教育之先河，这话绝不夸张。蔡元培去世以后，当时教育部和北京大学给蔡元培的悼词是：“……当中西文化交接之际，而先生应运而生，集两大文化于一身；其量足以容之，其德足以化之，其学足以当之，其才足以择之……”这是多么高的评价哟。

绍兴的名人还有很多，如书圣王羲之，宋代大诗人陆游，明代哲学家王守仁，明代文学家、书画家徐文长，鲁迅三兄弟，鲁迅的好友许寿裳，著名人口学家和经济学家马寅初，社会活动家邵力子，当代地理学家竺可桢，当代物理学家钱三强，等等。

出名的绍兴人还有另一个群体，即活跃于中国400年左右的绍兴师爷。

师爷肇始于元，兴盛于清，没落、衰亡于清末民国初年，在中国古代社会中活跃了大约400年。明清时期，特别是清代，浙江绍兴籍的师爷遍布全国各地大大小小的衙门。清代有句俗谚说：“无绍不成衙。”这里的“绍”，就是指绍兴籍的师爷和书吏，其中又特别强调师爷。由于绍兴人当师爷的极多，且遍布全国，名声极大，故久而久之形成了一个专门的称谓——“绍兴师爷”。“绍兴师爷”辗转流传，后成为一般师爷的统称。

为什么绍兴人当师爷的特别多呢？我想这和江南人的精明能干有着极大的关系。绍兴人一向精细严谨、善于谋划，而精细严谨、善于谋划又是师爷所应具备的职业素养。比如当刑名师爷，面对纷繁的案例和复杂的案情，必须精细严谨，因为如果案牍字句有出入，就可能产生严重后果。清代一首竹枝词道：“部办班分未入流，绍兴善为一身谋。”词中说的是中央六部书吏（书办）皆绍兴人。明人谢肇说：“今户部十三司胥算，皆绍兴人，可谓目察秋毫而不见其睫者矣。”可知明代户部多绍兴人。明代中叶以后，地方官为了与户部掌握重权的绍兴人通声气，以求得关照，不得不以绍兴人为师爷。

绍兴师爷出名的有很多，如清代嘉靖年间被誉为“明代第一才人”的徐渭，就是典型的绍兴师爷。《明史》载：“字文长，山阴人……为诸生，有盛名。总督胡宗宪招致幕府与歙余寅、鄞沈明臣同管书记。宗宪得白鹿，将献诸朝，令渭草。……学士以渭表进，世宗大悦，益宠异宗宪，宗宪以是益重渭。”为进剿倭寇，徐渭常为胡宗宪出谋献策。《明史》云：“渭知兵好奇计，宗宪禽徐海，诱王直，皆预其谋……”足见徐渭才干卓越，堪称绍兴师爷的早期代表人物。

绍兴师爷在清朝初年，尤其是顺治、康熙年间，才真正成为一个地域性突出、专业性极强的幕僚群体。沈文奎可谓当时绍兴师爷的代表。沈文奎，会稽人，二十三岁时只身北上游学。天聪三年（1629）冬，被后金八旗兵俘于遵化城，旋即迁徙沈阳，入选文官，开始为清军入关献谋献策，渐为皇太极看重。天聪六年（1632）八月，皇太极召见沈文奎等，赐以肉食，面询朝政大计。沈提出一系列针对性策略，多被采纳且付诸实行，绍兴师爷由此崭露头角。

绍兴养育了名人，名人使绍兴扬名。绍兴是人杰地灵的好地方。

# 西湖醋鱼

西湖醋鱼、东坡肉、宋嫂鱼羹和老鸭煲可以说是杭帮菜里最负盛名的几个了，其中西湖醋鱼更是杭帮菜中的头名。外地人到杭州，点的第一道菜非西湖醋鱼莫属了。西湖醋鱼成品菜色泽红亮，肉质鲜嫩，酸甜可口，略带蟹味。有书载："鱼身油光，诱人食欲；入得口来，鲜美异常，百吃不厌。"相传清朝康熙皇帝下江南，到西湖游览时，当地官员就让皇帝品尝了"西湖醋鱼"。去年，我儿子的一个山东同学到杭州来玩，当天晚上刚下火车就点名要吃西湖醋鱼。可见西湖醋鱼和杭州的西湖一样出名。

西湖醋鱼是一道菜，其背后有一个传奇故事，名字就叫"叔嫂传珍"。相传古时有宋姓兄弟两人，满腹文章，很有学问，隐居在西湖边以打鱼为生。当地恶棍赵大官人有一次游湖，路遇一个在湖边浣纱的妇女，见其美貌动人，就想霸占。派人一打听，原来这个妇女是宋兄之妻，就谋害了宋兄。宋家叔嫂非常气愤，二人一起上官府告状，企求官府伸张正义，让恶棍受到惩罚。他们哪知道，当时的官府已经被恶势力收买，不但没有理会他们的控诉，反而一顿棒打，把他们赶出了官府。回家后，宋嫂要宋弟赶快收拾行装外逃，以免恶棍前来报复。临行前，嫂嫂烧了一碗鱼，加糖加醋，烧法奇特。宋弟问嫂嫂：今天的鱼怎么烧成这个样子？嫂嫂说：鱼有甜有酸，我是想让你不要忘记你哥哥是怎么死的，你的生活若甜，不要忘记老百姓的辛酸，不要忘记你嫂嫂的辛酸。弟弟听了很是激动，吃了鱼，牢记嫂嫂的心意。后来，宋弟取得功名回到杭州，把那个恶棍惩办了。可宋嫂早已外逃，一直找不到。有一次，宋弟外出赴宴，宴间吃到一道菜，味道就是他离家时嫂嫂烧的那样，连忙追问，才知道正是他嫂嫂的杰作。原来，在他走后，嫂嫂为了躲避恶棍，隐名埋姓，做了厨工。宋弟找到了嫂嫂很是高兴，就辞了官职，把嫂嫂接回了家，重新过起了渔家生活。后来有人吃了这个菜，诗兴大发，在菜馆墙壁上写了一首诗：

> 裙屐联翩买醉来，绿阳影里上楼台。门前多少游湖艇，半自三潭印月回。何必归寻张翰鲈，鱼美风味说西湖。亏君有此调和手，识得当年宋嫂无。

还有一个版本，相传在杭州西湖附近有一个以打鱼为生的宋姓青年，因家境困难，常年不见荤腥，得了病（也就是现代人的营养不良），他嫂嫂就在西湖捉了一条鱼，以醋糖为调料，做出了这道菜。青年吃后就痊愈了。后来，这道菜就成为杭州地区各家菜馆里的招牌菜肴。毗邻西湖的楼外楼墙壁上留有“亏君有此调和手，识得当年宋嫂无”的诗句，慕名前来品尝的人络绎不绝。

西湖醋鱼用的最正宗的鱼应是西湖里面的草鱼，其做法大致是：先将活草鱼放入盛水的大盆内养一两天，使鱼肉结实，消除泥土气味。宰杀时，将鱼背朝外，从尾部入刀，用平刀沿着背脊骨劈至鱼颌下，同时将鱼头对劈开，使之成为脱骨相连的两半，斩去鱼齿。烹饪时，在锅内放清水，旺火烧沸，将鱼摊开，背面朝下放入；烧开后，小火煮，至鱼的划水鳍竖起、鱼眼突出，即用漏勺捞出，沥干汤水，鱼皮朝上，平摊在盆里。然后，净锅上火，放入煮鱼的原汤，加黄酒、酱油、白糖、姜末烧开，加醋，用湿淀粉着腻，搅成浓汁，淋上麻油，浇在鱼身上即成。做西湖醋鱼需要注意的是必须用活草鱼烹制，入开水锅中氽至断生捞出，保持整条不碎，肉质不糊烂。浇鱼卤汁要薄而浓，其味才美。

西湖醋鱼至今已有数千年的历史，至清代末年，以西湖楼外楼菜馆所烹制的最负盛名，是杭州最出名的菜品之一。其主料也由草鱼演变成黑鱼、鲈鱼、鳜鱼等等。佐料也由最初的淀粉、糖和醋汁少数几样慢慢加上了姜丝、葱末、黄酒、酱油、胡椒粉、香油等。应该说，现在做西湖醋鱼比过去讲究多了。我曾在楼外楼品尝过几次西湖醋鱼，也在一些酒店吃过西湖醋鱼，但第一次吃西湖醋鱼，我还真怀疑那掌勺的厨师就是个刚出茅庐的新手，我就是弄不明白，他怎么能把这么有名的菜做得如此平常，和一般的家常菜没有任何区别，和它所具有的名气怎么会有这么大的差别呢？后来吃得多了，看得多了，也听得多了，我才悟出，西湖醋鱼的味道其实就是如此。吃过西湖醋鱼的外地人和我都有同感。

西湖醋鱼在外地的名气如此之大，但喜吃西湖醋鱼的杭州人不多。我想这主要的原因是随着人们生活水平的提高，人们吃的东西也更丰富、人们对口味的要求也更加高了，仅仅用糖和醋勾汁做成的醋鱼已不能让食客满足了。

我不再怀疑自己的口味了。

# 杭州一绝——老鸭煲

爱吃，并且什么都敢吃，什么都能吃，这恐怕是中国人的特点之一了。有人说，有人的地方就有中国人，有中国人的地方就有中国菜，也就有了喜爱中国菜的食客。在这方面，杭州也不例外。杭州人喜欢吃，也喜欢钻研吃。杭帮菜就是杭州人因喜欢吃而结出的一个硕果。

杭州菜又称杭帮菜，其代表菜有西湖醋鱼、龙井虾仁、宋嫂鱼羹、鱼头豆腐、咸肉春笋、老鸭煲、杭州卷鸡等。和浓油赤酱、色深味咸的北方菜不同，江南菜极尽清淡醇和，香甜适口，和江南水乡的景色一道成为人们对江南的回忆。杭州菜历史上分为“湖上”和“城厢”两个流派。前者以鱼虾和禽类为主，擅长生炒、清炖、嫩熘，讲究清、鲜、脆、嫩的口味，注重保留原汁原味。后者以肉类居多，以蒸、烩、氽、烧为主，讲究轻油、轻浆、清淡鲜嫩的口味，注重鲜咸合一。而现今的杭州菜肴则是南北口味大交融，讲究“二轻一清”，它与宁波菜、绍兴菜共同构成传统的浙江菜系。走上餐桌，看到满桌的美味佳肴、五颜六色的精美造型，闻到沁人肺腑的清香，可谓菜不醉人自醉。

杭州誉满天下的名菜当数西湖醋鱼。其实杭州人并不太喜欢吃这道菜，他们最喜欢吃的还是老鸭煲。入乡随俗，我这个外地人慢慢地也喜欢上了老鸭煲。老鸭煲比西湖醋鱼更舒畅，比东坡肉更实惠，比宋嫂鱼羹抗饿（因为宋嫂鱼羹就是一碗羹，做不得主菜）。大大的一个砂锅，里面有香喷喷的鸭肉，有金华火腿、天目山竹笋、野木耳等，还可以加上时令蔬菜、白嫩嫩的豆腐和细细的粉丝等。所以老鸭煲不仅是菜，还是主食，真是美味佳肴。

老鸭煲有很多种做法，在杭州又以张生记老鸭煲的名气最大。总结起来说，老鸭煲是一道取料方便、制作简单的汤菜。它的主料就是老鸭，辅料就是笋干、火腿、木耳等，调料有味精、黄酒、鸡精、姜丝等。它的做法更简单了，把宰杀干净的老鸭和笋干、火腿等主料一起放入砂锅中，用文火炖 4—5 个小时，最后加入味精等调料就成了。它最大的特色是油而不腻，酥而不烂，香气扑鼻，具有浓郁的江南风味。我们知道，鸡鸭肉类在烹饪过程中需要将其中的脂肪和蛋白质充分分解，这样不仅口感酥烂，便于进食，汤汁也更加鲜美醇厚，易于吸收。所以，用保温性能良好的砂锅，加上文火慢慢煨炖，就成为这道菜的制作要点。可以说，这是一道工夫菜，当然，这里说的“工夫”指的是花时间。

民间有俗语“大暑老鸭胜补药”。江南历来有三伏天吃鸭子滋补身子的习惯。新上市的笋干，不仅为其增添了鲜味，而且能解除油腻，令汤汁清爽。老鸭炖食时还可以加入莲藕、冬瓜等蔬菜。如加配芡实、薏苡仁同炖则滋阴效果更佳，且能健脾化湿、增进食欲。老鸭煲解暑大体是因为鸭性偏凉，有滋五脏之阳、清虚劳之热、补血行水、养胃生津的功效。炎热的七月，三五好友小聚，在清凉的空调屋内，品味一下色香味俱佳的老鸭煲，真不失为暑天的享受。

其实，严寒冬日下的老鸭煲更是别有风味。每逢冬日，寒气逼人，当一脚踏进餐馆，就会闻到老鸭煲散发的诱人香气，看到汤里炖着的鸭子以及腾腾上升的热气；当举起筷子，那诱人的美味就溜进了肺腑，温暖了躯体，让人浑身舒畅。此时，除了幸福感，你还会有什么感觉呢？

据说，重庆、广州、北京等菜系里也有老鸭煲这道菜，还有老鸡煲什么的。但我没有品尝过。不知滋味，何论美味？所以我还是喜欢杭州的老鸭煲。

# 嘉兴美粽

嘉兴除了南湖的红船，给我印象最深的就是它的粽子了。

我是从北方来的，最初对嘉兴的粽子并不感兴趣。因为北方的粽子很少有咸的，更没有带肉馅之类的。

在老家，每逢端午节，家家都要包粽子。粽子的做法并不难，把新采的粽叶泡好煮一下，把上等的糯米和大枣也浸泡一夜，第二天就可以包粽子了。抽出一两片叶子，先折成漏斗形，放进适量的糯米，中间夹上一两颗大枣，也可以放进几颗花生米，把粽子裹得鼓鼓的，最后用绳子扎紧，一个粽子就算包好了。将包好的粽子全部放进锅里，煮上一两个小时。粽子的加工任务就宣告完成。在老家，端午节的头一天，一般都要把粽子包好，当天夜里煮好，第二天天一亮，那喷香可口的粽子就进到肚里了。我喜欢端午节，因为那几天可以吃到喜欢的粽子。

有一门亲戚，每逢端午，必定要到我家串门，几十年从没变过。那竹篮子里总会放着我喜欢的粽子。小时候，在端午节的前几天，我就计算着他们要来的日子，想象着粽子的美味。和别人的粽子不一样，他们的粽子是用黏黏的大黄米做的，里面有大枣，口味独特，很诱人。因为大黄米很少，所以篮子里的这种粽子也就寥寥几个，我总是眼巴巴地盯着这几个粽子，唯恐少了自己那份。

在北方街上偶尔可以看到卖粽子的。剥开粽子叶，白花花的粽子就溜进了小碟里，上面撒上点桂花糖或者蜂蜜，用小小的勺子送进嘴里，味道好极了。因为我是北方长大的，所以我对北方的粽子情有独钟。

喜欢嘉兴的粽子，还是来江南后的事。最初几次去嘉兴，看到同事纷纷挤在粽子铺前，兴致勃勃地买这买那，不以为意，但为了不扫同事们的兴，我也随大流地买了几个。说实话，那时我对嘉兴的粽子是不太看上眼的。对嘉兴粽子刮目相看，还是一次外出，途中休息，光顾了一下嘉兴粽子专卖店，就顺手买了两个粽子。粽子热热的，服务员顺手剥开，沁人的香味就开始缠绕着我。也许是饿的缘故，这次吃起粽子来，感觉和以前的味道不一样，里面的咸肉、火腿也不难吃了，肉、油、米糅合在一起，瘦肉内夹着肥肉，肥肉的油渗入米内，叶子的香、肉香混合着米香，鲜、咸味俱全，味道很好。我一口气吃了两个。原路返回时，我把不同味道的粽子都买了一遍，带回家让家人尝尝，当然，自己也想把嘉兴各种味道的粽子吃个遍。尽管我还是喜欢北方的粽子，但我不得不承认，嘉兴的粽子味道浓郁，香味扑鼻，非常好吃。

据记载，嘉兴粽子历史悠久。它有很多种类，从外形上看主要有长方形和三角形两种，从馅料上说，有鲜肉、豆沙、八宝、鸡肉等，现在又有火腿、牛肉、蛋黄等，品味以咸香为主，兼有甜味的。在这些粽子中，我最喜欢豆沙馅的，因为它符合我的北方口味。路过粽子店，从热腾腾的锅里捞出两个粽子，软软的糯米和甜甜的豆沙放进嘴里，口感很好，解馋，也很抗饿。

嘉兴粽子以五芳斋出产的最有名，号称“江南粽子大王”，以糯而不烂、肥而不腻、肉嫩味香、咸甜适中而著称。五芳斋的粽子按传统工艺配方精制而成，用料十分讲究。肉粽采用上等白糯米、后腿瘦肉，甜粽则用上等赤豆，通过配料、调味、包扎、蒸煮等多道工序制成。如今，嘉兴五芳斋粽子因其滋味鲜美、携带方便、食用方便而备受广大食客喜爱，有

“东方快餐”之称，远销日本、东南亚等地。到嘉兴旅游的人，临走时，几乎人人手中都提着大大小小的嘉兴粽子。许多海内外的朋友都是吃过嘉兴粽子以后，才知浙江嘉兴的。

嘉兴人非常喜爱自己的粽子，把对粽子的喜欢提升到了热爱家乡的高度。粽子在嘉兴人心目中的位置可见一斑。

后来我才知道，由于各地的饮食习惯不同，敢情粽子也有南北风味，还分地域，如北京粽子、广州粽子、海口粽子、四川粽子、苏州粽子、汨罗粽子、台湾粽子、宁波粽子、山东粽子等等。还有贵州的“酸菜粽”、西安的“蜂蜜凉粽”、厦门的“烧肉粽”、苏北的“咸蛋粽”、上海的“咸味粽”、云南的“火腿粽”，味道各不相同，都有鲜明的地方特色。

# 温州印象

由于公干，我曾在温州住了五年。在来温州之前，我对温州的印象只停留在人们的口耳相传之中。如“富裕的温州，破烂的城市”“温州人很土”等等，经常会听到一些关于温州的负面说法。所以，曾对温州的印象不是很好，认为温州遍地商人，是一个没有历史、缺少文化的地方。到了温州，真正地领略了温州之后，才深切认识到自己的促狭。温州是一个风景优美、历史悠久，有着丰厚文化底蕴的城市。温州不缺历史和文化，温州也不缺美，温州只是缺宣传。

温州属于江南，处于江南的外围。温州毗邻福建，有许多福建人在此生活。自古以来，闽文化对温州就有着明显的影响，所以温州文化是闽文化和江南文化的杂糅，这从温州的饮食、建筑、方言、戏剧、植物甚至经济结构等方面都能看出来。

温州市井文化以五马街为核心的历史商业街区最为出众。五马街，古称五马坊，街长四百余米、宽十二米，拥有十四条小巷。相传街名“五马坊”始于东晋，唐宋沿袭不变，清代改为“五马街”。我逛过很多地方的老街，甚至一些声名在外，但多大同小异，看过一两个，其余的想想都知道是什么样子，所不同的仅是宽窄和酒肆特产。但我对五马街情有独钟，这主要是因为五马街并不是典型的中国文化商业街，其整体建筑既有江南粉墙黛瓦的味道，也有古闽文化的风格，有中国翘角飞檐的民族特色，又有几许欧洲风情，是传统和现代的完美结合。五马街是温州传统的商业中心，沿街各类店铺林立，令人眼花缭乱，有五味和、金三益，还有乾宁斋、元昌、葆大、徐德昌、正丰和等老商铺。温州特产颇多，吃的、玩的、穿的、耍的应有都有，有着浓厚的商业文化氛围。游客蜂拥而至，比肩接踵，好不热闹。走在街上，看着灯红酒绿，欣赏着传统和现代的交融，能够读出人们的幸福和快乐。五马街是温州的历史，是温州的文化，是温州的根和魂。

在温州市区，风景最美的当数江心屿了。江心屿是瓯江当中的一个岛，呈东西长，南北狭窄，是中国四大名屿之一。江心屿风景秀丽，东西双塔凌空，映衬江心寺，被誉为“瓯江蓬莱”。谢灵运、孟浩然、韩愈、陆游、文天祥等都曾到访江心屿。千百年来留存的叹咏江心屿的诗篇近八百篇。江心屿名胜古迹众多，如宋文信国公祠、浩然楼、谢公亭、澄鲜阁等。现建有儿童乐园、游乐场、情人岛、盆景园、拓展园、戛纳名人摄影公馆、共青湖等。英国驻温州领事馆旧址在这里，典型的欧洲风格建筑，共三层，长长的阳台正对瓯江，深灰的外墙上留着整齐的白缝，显得厚朴庄重，雕花的瓷砖内饰和深棕色木质护墙似乎在诉说着历史，古老的壁炉和桌椅沙发似乎在告诉人们一百多年前的生活。紧靠旧址的是两座砖塔中的一座，四周风景优美，百年古树林立，粗粗的枝干缠绕在一起，巨大的树冠遮天蔽日。站在阳台上，江风扑面，江景氤氲，令人心旷神怡。

温州是山区，其独特之处当然在于山。温州闻名遐迩的有雁荡山和大罗山。雁荡山，又名雁岩、雁山。因山顶有湖，芦苇茂密，结草为荡，南归秋雁多宿于此，故名雁荡。南朝梁昭明太子在芙蓉峰下建寺造塔。唐代西域高僧诺讵那率因慕雁荡山“花村鸟山”之美名，率弟子三百来雁荡山弘扬佛法。雁荡山以山水奇秀闻名，素有“海上名山，寰中绝胜”之誉，史称中国“东南第一山”。其主体位于浙江省温州市东北部，小部分在台州市温岭南部。雁荡山形成于一亿二千万年以前，是环太平洋大陆边缘火山带中一座最具完整性、典型性的白垩纪流纹质破火山，被中外地质学家称为“天然博物馆”。据《载敬堂集》:“雁荡山以瓯江自然断裂，分北雁荡山和南雁荡山。以景观区位分有北雁荡山、南雁荡山、西雁荡山、东雁荡山、中雁荡山之称。”雁荡山开山始于南北朝，兴于唐，盛于宋。历代文人墨客纷至沓来，谢灵运、沈括、徐霞客、张大千、郭沫若等都留下了诗篇和墨迹。宋代，雁荡山的开发规模逐渐增大，共建有十八寺、十院、十六亭，为雁荡山发展鼎盛时期。2004 年，雁荡山获准授牌为“国家地质公园”，主要包括灵峰、三折瀑、灵岩、大龙湫、雁湖西石梁洞、显胜门、仙桥－龙湖、羊角洞、方洞、长屿硐天等景区，2005 年又被评为“世界地质公园”。

温州市区不远的东南部，坐落着美丽的大罗山。大罗山不高，最高海拔仅七百余米。徒步大约两小时就可以达到山顶。大罗山是温州市未来的“绿心”和“绿楔”。每逢七八月份，当市区炎热难耐之时，大罗山顶凉风习习，舒适宜人。所以，我很羡慕山里的农家生活。大罗山由仙岩景区、瑶溪景区、天柱寺景区、茶山景区和三垟水网构成。大罗山山形以巧、奇、秀取胜，溪流、瀑布居多，三垟水网湿地景观与大罗山山体相得益彰，共同组成山水相依的中亚热带自然生态系统。同时，大罗山北临瓯江、东临东海，气势开阔，山内众多的人文历史遗迹以及现代浪漫文人朱自清对其的描绘，更增添了大罗山的魅力。大罗山是文化山，里面坐落着数座庙宇。每逢周末，无数男女老少结伴而游，或拾级而上，强身健体；或手捧供果，拜佛许愿。

温州的大学城就建在大罗山麓，这让美丽的大罗山平添了几分书卷气。我多次登临大罗山，颇有感怀，曾赋诗一首，寄托情思：

阳春三月，夜不能寐。拾椅简装，举茶闻香，端坐阳台，凭风远望。遥看瓯江，灰灰蒙蒙。天山一体，灯影幢幢。些许霓虹，点缀其间，无尽瀚海，苍穹茫茫。近看罗山，黛影簇簇。似卧似坐，婆娑柔情。星灯斑点，盘绕山间。心如溪流，思绪连连。欲静不静，浮想联翩。人生无常，数次漂流。捉刀笔耕，讲台执鞭。三卅五载，仍操旧业。唏嘘我辈，驰骋向前。忆旧思今，慨以当慷。知足常乐，笑对尘缘。

和江南很多城市一样，温州商区里也隐藏着无数个古镇。例如温州古村落碗窑村。碗窑村已有600多年的历史，是历史上南方地区民用青花瓷碗的主要产地。碗窑坐落于苍南县的深山之中，村中明清古建筑高低错落有致。一条人工小溪环绕着整个村落，清澈的溪水绕过每家每户。走进去，时空瞬间转换，好像一下子走进了百年前的村落。看着这破旧故居、窄窄的山路、低矮的瓦屋、粗糙的农具和手工工具，让人不禁联想起百年前人们的生活场景。

还有苍南的小渔港霞关镇。霞关镇是温州最南端的一个小渔港，毗邻福建福鼎市。小港不大，依山有一老街。走进老街，几十年前的渔民生活尽收眼底。低矮的民居、潮湿幽暗的屋子、破旧的家具，无不展示着不太富裕的渔民生活。唯有家家门口摆放的冰箱、彩电以及彰显着时代色彩的宣传画，昭示着与以往已有不同。这镇子，不仅融合了过去和现在，也融合了农村和城市。

温州的美是内敛的美，温州的精致是低调的精致。渐渐地，温州征服了我，我爱上了温州。我觉得，温州有必要向世界大力展示自己的美，让更多的人都来看温州，来温州旅游。当无数外地游客专程来温州赏景品月、登高望远之时，温州就是最完美的时候。

## 思念

思念是一首歌，记录着充满爱意的每一个音符；思念是一首诗，吟诵着充满爱意的每一件事；思念是一根琴弦，演奏着世间最动人的乐章；思念是一本书，记满了思念者无数的情；思念是一艘船，载满了思念者许多的愁；思念是一轮旭日，金色的阳光笼罩着思念者的身心；思念是挂满果实的青藤，缠绕着思念者无尽的思绪；思念是潺潺的小溪，日夜奔流，不知疲倦。

思念是时间，它可以用分秒来表达；思念是距离，它有时非常遥远，有时又近在咫尺；思念是孤单的，它总是伴随着寂寞和无助；思念又是成双的，它总要一线拴着两头；思念是一种寄托，两地的人们就是靠思念维系着感情；思念是一种生活，生活在思念中的人，多愁善感，百感交集。

思念就是双方的等待，思念就是二者的誓言。思念就是每天的自语，思念就是白日的梦幻。思念的美在于它是想象而不是现实，思念的魅力在于它讲述着对方的优点而摒弃了缺点。思念的伟大在于它具有献身精神，思念的高尚在于它是在祝福别人。思念的无私在于它不可能自己思念自己，思念的真实在于任何虚假的感情都不可能产生思念。思念是幸福的，而最幸福的又是被思念者；思念是痛苦的，而最痛苦的却是思念者本人。

文人笔下的思念最富浪漫气息，莎士比亚《罗密欧与朱丽叶》中的男女主人公的思念感动了一代又一代人。而中国最早用文字表达思念的应是《关雎》，那是男子对心上人的表白；中国最悲切的思念应是梁祝，那是悲情的人儿用殉情的方式表达对心上人的爱恋；中国最著名的女性思念者应是李清照，她淡淡的忧愁，是妻子对丈夫的期盼；中国最著名的男性思念者应是苏轼，他感情厚实，豁达豪放，表达的是对家人的怀念。

情人的思念充满了浪漫，它记录的是情人之间的崇高爱情；夫妻间的思念是现实的，它包含着夫妻二人对生活的理解；年轻人的思念是热烈的，它像奔腾的江水，来势凶猛，直截了当，来得快，去得也快；老年人的思念是具体的，它像珍藏了多年的美酒，绵绵悠长，回味无穷。朋友的思念包含着祝福，父子的思念包含着希望，母女的思念包含着温情，同行的思念包含着友谊。

思念可以鼓舞你，让你充满活力，催你奋进，赋予你超常的智慧。思念是偶然的，它可遇而不可求；思念又是必然的，只要有感情，就必然有思念。没有思念是轻松的，可以让你省去一分牵挂，多一分自由和潇洒；思念是一种享受，你可以怀揣着思念去祝福对方。思念可能来去匆匆，也可能会伴随你的一生。有了它，请千万珍惜；没有它，请别去追逐。

要思念就别要睡眠，要思念就别听情歌，要思念就准备分别，要思念就准备流泪。

如果思念中有青春的热烈又有绵绵的情意，有诚挚的祝福又有不懈的拼搏，这种思念就是伟大的。

# 老家的年味

在我们老家，大年初一是小家独乐的日子，而大年初二就是一个家族、一个氏族互动狂欢的开始。

大年初二，是已经出嫁的媳妇们回娘家探亲的日子。过去，每逢这天，你总可以见到许多戴花头巾、穿大花棉袄黑棉裤的小媳妇领着儿女，挎着馍篮，走在回娘家的路上。从她们的脸上，可以看到她们的喜悦和期盼。

小媳妇们多是坐在架子车上搂着孩子，丈夫拉着车子。为了抵御刺骨的寒风，都裹着厚厚的棉被。车上的馍篮鼓囊囊的，东西很多，盖馍篮的新毛巾随风飘扬，馍篮里的东西时不时露出来。随着车子的颠簸，小媳妇来回扭着腰。那时，人力拉的架子车是农村主要的交通工具。但如果一个小媳妇一手挎着一个馍篮，另一手拉着一个小孩，后面还跟着一个大的孩子，身边没有丈夫陪同，更没有架子车代步，馍篮里的也瘪瘪的，那这媳妇平时的日子肯定不怎么样。手头宽裕一些的小媳妇，馍篮里会放两盒点心、几个大馍、几根油条，甚至一碗扣肉；而穷一些的媳妇，馍篮里只有馒头和油条了。许多人就是凭着丈夫是否陪着小媳妇回娘家、乘坐的交通工具、馍篮的干瘪程度来推测她们过得是否幸福，然后和自己对比。

回娘家一般是早饭过后就出发，在娘家吃顿午饭。一般的情形是和爹娘唠叨一番婆家，和平时很少见面的闺蜜唠叨一下自己的汉子，相互取笑一番，再说些体己话，午饭以后就又回了婆家。

正月初三是不兴走亲戚的。这一天是上坟的日子，是祭奠过世的亲人的。这一天，家家户户早饭过后就把准备好的贡品放进篮子里，全家出动，到了坟头，摆好贡品，点上香火，然后三叩九拜，行着大礼，嘴中念叨一会儿，烧些纸钱；之后，拿起铁锹在坟上添一些新土，整个仪式就算完成了。由于不宜走亲戚，初三这一天反倒是最清净的。各家往往做着各自的事情。大人盘算着今后几天要走哪些亲戚，计算着要送的礼品。孩子们则穿着已经有点脏的新衣聚在一起，或相互逗笑，打问彼此的压岁钱，或掏出没有舍得放的小鞭炮，擦一下扔出去。胆子大一些的男孩子则会一起到附近的河上或池塘去溜冰。

北方的冬季比较冷，河流、池塘都结着厚厚的冰，人走在上面绝对没有问题。孩子们跑到冰面上，兴奋地滑来滑去。动作熟练者还真有几分潇洒，而生疏者已不知摔了多少次。所以这时的河面或池塘上往往身影乱飞、笑声和惊叫声不断。每个孩子都冒着热汗，红扑扑的脸蛋上洋溢着满足和幸福。

玩耍结束后，孩子们各自回家。一家人其乐融融地围在一起，吃一顿团圆饭。正月初三，尽管是不走亲戚的日子，尽管没有电视、没有游戏机，但那时的孩子仍有着自己的快乐和幸福。

大年初四才开始真正走亲戚，这会一直持续到正月十五。正月十五，是走亲戚的最后一天，也预示着这个年过完了。这过年走亲戚是很有讲究的，重要的亲戚都要优先去拜访，比如舅、姨、姑、叔、伯，怠慢不得。其他可以稍后一些。在农村，逢初几就到谁家去，都是约定好的，没有特殊情况是不变的。

客人到了后，要先让座，然后拿出自制的麻叶、鸡蛋馓子、叠糖、花生等让客人品尝。大家一边聊着今年的收成和近况，一边等着吃饭。这时候就是外甥、外甥女、侄子、侄女诉苦的好时候，平素不敢说或来不及说的话，都会在这时候倒出来。而长辈们也会在这时候调停家族内部的矛盾。

在老家，一般初四去大舅家。舅舅是家族内部最受尊敬的人，他是娘的娘家人，是娘的大后台。平素对自己娘不怎么孝顺的晚辈，每年就怕这一关。舅舅轻则劝慰一番，重则训导一通，骂一通也是常有的。

在晚辈中，女婿的地位是比较高的。在我们老家，把女婿称作“客”，发音为“kei”。尤其是新婚的小两口，代表父母去拜访其他长辈时，叔伯、姨舅们都很看重女婿。男性长辈陪着新女婿聊大事，而小媳妇就一头扎进厨房，和婶婶、姑姑、姨妈、舅妈唠起嗑来，而主题永远是和自己的丈夫是否合得来。

那一天，主家都会事先备好酒菜，扣肉、米粉肉、炖粉条、蒸鸡、炸鸡、四喜丸子等传统菜悉数被端上来，以表示对客人的尊敬。还有那热腾腾的大馒头，让人看了就直流口水。饭桌上讲究摆四个碟子、四个碗，一共八个菜。一些更讲究的人家，还可能八个碟子、八个碗，要上十六道菜。女婿此时会坐在主宾的位子上，主人会不停地劝酒，不把这些女婿喝得七荤八素，好像就对不起“客”似的。劝酒劝菜，推杯换盏，喝得醉醺醺地回去，是常有的事。

在农村，都是很多年的老门老户，谁家来客了，是什么关系，不一会儿全村都会知道。有好事者往往会以各种理由来串门，打探一下女婿的长相和底细，然后开始评头论足。

那时，尽管没有今天的现代化和高科技，没有高楼大厦，但大家都有那时的快乐，有今天没有的朴实和纯真。

# 黄河 西湖

挟着黄河的气势，带着黄河的泥土，我来到妩媚的西子湖畔。待久了，对黄河、对西湖就有了不同的感受。

黄河是河，西湖是湖，黄河的水是深黄的，西湖的水是碧绿的。黄河有山，西湖也有山，黄河的山是光秃秃的，西湖的山则尽满眼的绿。黄河宽广，西湖精巧。黄河豪放，西湖婉约。黄河一泻千里，气势非凡；西湖景色如画，玲珑剔透。黄河是粗犷的，黄色的泥土、黄色的河水，造就了中原儿女豪放直爽的性格；西湖是妩媚的，静静的湖水、矮矮的青山，哺育了西湖儿女婉约多情的性格。中原儿女饮了黄河水，就有了黄河的秉性，继承了黄河的大气，所以黄河岸边的城市造得那么大气；西湖儿女喝了西湖的水，就带了西湖的灵气，继承了西湖的灵秀，所以连杭州城都建得那么秀气。黄河岸边的风雨带有力气，吹到身上，能增加你的豪气；西子湖畔的风雨带有热情，吹到身上，能给你风情，增加你的活力。黄河就像一个豪放不羁的汉子，敞开胸怀，不修边幅，唱着，笑着，去闯荡世界；而西湖更像一个含苞待放的青春少女，带着矜持，梳妆打扮，婀娜多姿地来到世界。黄河岸边的女儿像男子，说话直率，作风泼辣；西子湖畔的男儿像女子，说话细声，细致周到。黄河人干什么都想有大手笔，大手一挥，万事包身；西湖人做什么都特别精细，对问题都特别通透。黄河热情好客，海纳百川，欢迎一切到访的尊贵来宾；西湖矜持有礼，含而不露，拒绝一切浪得虚名的圣人。黄河的文明非常悠久，随意找一块土地，就是一段历史，人们记得最清楚的都是黄河的过去；西湖的历史也是悠久的，但她古代的文明淹没于现在的美名之下。黄河是谦虚的，几千年来，他敞开胸怀容纳了四面八方的游子；西湖是高傲的，几千年来，一直保持着自身的纯洁。黄河的山山水水哺育了中原，有“黄河之水天上来，奔流到海不复回”的名句佳作；西湖的山山水水滋润了江南，也有“欲把西湖比西子，淡妆浓抹总相宜”的不朽名篇。立在黄河岸边的西安、开封和洛阳等历史名城，四平八稳，颇有帝王风度；坐在西子湖畔的临安古都，精雕细琢，更兼有曼妙风采。

我喜欢黄河的伟岸，也喜欢西湖的秀丽。